（CASS-ESG 5.0）

建筑业

CASS-ESG 5.0
中国企业社会责任
报告指南之

主　　编：责任云研究院　中国建筑股份有限公司

指导单位：中国企业改革与发展研究会

经济管理出版社

ECONOMY & MANAGEMENT PUBLISHING HOUSE

图书在版编目（CIP）数据

中国企业社会责任报告指南之建筑业：CASS-ESG 5.0/责任云研究院，中国建筑股份有限公司主编 .—北京：经济管理出版社，2023.11
ISBN 978-7-5096-9454-1

Ⅰ.①中…　Ⅱ.①责…　②中…　Ⅲ.①建筑业—工业企业—企业责任—社会责任—研究报告—中国　Ⅳ.①F426.9

中国国家版本馆 CIP 数据核字（2023）第 224796 号

组稿编辑：高　娅
责任编辑：高　娅
责任印制：黄章平
责任校对：张晓燕

出版发行：经济管理出版社
　　　　　（北京市海淀区北蜂窝 8 号中雅大厦 A 座 11 层　100038）
网　　址：www.E-mp.com.cn
电　　话：（010）51915602
印　　刷：唐山玺诚印务有限公司
经　　销：新华书店
开　　本：720mm×1000mm/16
印　　张：13.5
字　　数：210 千字
版　　次：2023 年 12 月第 1 版　　2023 年 12 月第 1 次印刷
书　　号：ISBN 978-7-5096-9454-1
定　　价：68.00 元

联系地址：北京市海淀区北蜂窝 8 号中雅大厦 11 层
电话：（010）68022974　　邮编：100038

编 委 会

主　任：

钟宏武　中国社会科学院教授、责任云研究院院长

副主任：

吴　扬　中国建筑股份有限公司党建工作部（企业文化部）
　　　　资深高级经理

张闽湘　责任云研究院执行院长

成　员：

陈明光　中国建筑股份有限公司党建工作部（企业文化部）
　　　　业务经理

陈美彤　责任云研究院研究所所长

王　玥　责任云研究院研究所副所长

张玉龙　责任云研究院研究员

马　铮　责任云研究院研究员

序　言

　　ESG 信息披露是全球 ESG 体系建设的重要组成部分，各国监管机构持续发布相关倡议、标准，引导企业践行 ESG，开展 ESG 信息披露。据国际金融研究所（IIF）报告显示，2016 年以来，全球共出台 2000 多个与 ESG 相关的监管政策。其中，发达国家对 ESG 信息披露的要求呈现强制性倾向。例如，2021 年初，美国证券交易委员会（SEC）围绕气候变化、人力资本管理、董事会多样性和网络安全风险治理等 ESG 关键领域提出了强制披露性建议，并于 2022 年 3 月发布《上市公司气候数据披露标准草案》，指出未来美股上市公司在提交招股书和发布年报等财务报告时，都需对外公布公司碳排放水平、管理层的治理流程与碳减排目标等信息。同年 8 月，新加坡交易所监管公司（SGX Regco）发布新监管蓝图，建议强制挂牌公司在每年的可持续发展报告中作出有关气候的披露，于 2022 年起施行。

　　包括联合国、世界银行集团、赤道原则协会、全球报告倡议组织等在内的多个国际组织，在 ESG 领域持续深耕，各自出台针对 ESG 的标准及操作指南，并试图构建全球认可的 ESG 标准、规范。2021 年，全球报告倡议组织（Global Reporting Initiative，GRI）发布 GRI 标准 2021 年修订版（于 2023 年 1 月 1 日生效），该标准分为三类：通用标准、议题专项标准（包括经济、环境和社会三方面议题）和行业标准，为企业可持续发展信息披露提供全方位指导。2021 年 10 月，气候相关财务信息披露工作组（Task Force on Climate-related Financial Disclosures，TCFD）发布了最新的《指标、目标和转型计划指南》，针对气候相关指标、目标、转型计划和财务影响的披露给出了相应指导和示例。2021 年 11 月，国际财务报告准则（International Financial Reporting Standards，IFRS）基金会宣布成立国际可持续发展准则理事会

（International Sustainability Standards Board，ISSB），旨在制定与 IFRS 相协同的可持续发展报告准则，推动建立全球一致、可比的可持续发展报告披露标准。2022 年 3 月，IFRS 与 GRI 达成一项关于 ESG 标准的合作协议，前者下设的国际可持续发展准则理事会（ISSB）与后者下设的全球可持续发展标准委员会（Global Sustainability Standards Board，GSSB）将合力在全球构建统一的 ESG 信息披露标准。2023 年 6 月，国际可持续发展准则理事会（ISSB）正式发布首批可持续信息披露准则，分别为《国际财务报告可持续披露准则第 1 号——可持续相关财务信息披露一般要求》（IFRS S1）和《国际财务报告可持续披露准则第 2 号——气候相关披露》（IFRS S2）。

国际 ESG 发展热潮也引起了国内各方高度关注，在监管部门、行业协会、投资机构、研究机构、评级机构、上市公司的共同努力下，中国 ESG 事业进入加速发展时期。上海证券交易所（简称上交所）、深圳证券交易所（简称深交所）陆续提出更具约束性、针对性的 ESG 信披要求。例如，2020 年 9 月，深交所发布《上市公司信息披露工作考核办法》，将上市公司 ESG 信息披露情况纳入考核范畴；上交所发布《科创板上市公司自律监管规则适用指引第 2 号——自愿信息披露》，将 ESG 履行情况纳入上市公司信息披露范畴。2022 年 1 月，上交所面向科创 50 指数成份公司发布通知，要求其在进行 2021 年度年报披露的同时，披露社会责任报告。同月，深交所发布《上市公司自律监管指引第 1 号——主板上市公司规范运作》，明确要求"深证 100"样本公司在年度报告披露的同时披露公司履行社会责任的报告。2023 年 2 月，深交所发布修订的《上市公司自律监管指引第 3 号——行业信息披露》《上市公司自律监管指引第 4 号——创业板行业信息披露》，逐步提高 ESG 信息披露要求。中国证券监督管理委员会（简称中国证监会）、生态环境部、国务院国有资产监督管理委员会（简称国务院国资委）等监管部门也积极行动。2021 年 6 月，中国证监会发布修订后的《公开发行证券的公司信息披露内容与格式准则第 2 号——年度报告的内容与格式》，初步形成 ESG 信息披露框架。2022 年 1 月，生态环境部发布《企业环境信息依法披露管理办法》，对环境信息披露作出明确要求。2022 年 4 月，中国证监会发布

《上市公司投资者关系管理工作指引》，在投资者关系管理的沟通内容中首次纳入"公司的环境、社会和治理信息"。2022 年 5 月，国务院国资委发布《提高央企控股上市公司质量工作方案》，提出力争到 2023 年央企控股上市公司 ESG 专项报告披露'全覆盖'。可以预见，未来我国 ESG 信息披露将逐步进入"强监管"时代。

受外部因素驱动，中国上市公司积极开展 ESG 工作，ESG 报告的发布数量稳步增长。截至 2023 年上半年，A 股上市公司中有 1767 家发布了 2022 年度 ESG 类报告，占比提升至 35.18%。最近 5 年上市公司社会责任报告披露数量与披露率稳步上升，披露率提升速度近两年有所加快，可见 A 股上市公司已具备 ESG 信息披露意识。然而，由于国内缺乏 ESG 信披的细化指引，缺乏对于 ESG 披露边界、框架、内容、流程等的专业指导，中国上市公司 ESG 报告依然存在对 ESG 治理体系、应对气候变化、供应链 ESG 管理等议题回应不充分，关键绩效指标披露不足等问题，ESG 信息披露质量有待提升。

本土标准是对党的二十大精神的贯彻，是对习近平总书记关于企业社会责任系列重要论述的落实，是引领我国 ESG 报告发展的重要工具。2009 年，中国社会科学院研究团队首发《中国企业社会责任报告编写指南（CASS-CSR1.0）》，此后三次升级至 4.0 版本，成为中国企业编写社会责任报告的重要参考。在 ESG 事业加速发展，ESG 信息披露成为上市公司必选动作的背景下，中国社会科学院研究团队对《中国企业社会责任报告指南（CASS-ESG4.0）》（以下简称《指南 4.0》）进行再升级，发布《中国企业社会责任报告指南（CASS-ESG 5.0）》（以下简称《指南 5.0》），力图形成一份要素全面、流程规范、体系完善的 ESG 报告编制手册，更好指导我国上市公司编制高质量的 ESG 报告。需要说明的是，《指南 5.0》并非取代《指南 4.0》，非上市公司编制企业社会责任报告依然可以参考《指南 4.0》。

《指南 5.0》在以下方面进行了改进：

第一，更新理论框架。《指南 5.0）》的理论框架不仅体现了治理责任（G）、环境责任（E）和社会责任（S）的三维框架，而且在社会环境风险防范之外，强调了企业价值创造，进而构建出由治理责任（G）、风险管理（R）及价值创造（V）组成的"三位一体"理论模型。其中，风险管理下包含环境风险（E）和社会风险（S），价值创造则由国家价值、产业价值、民生价值和环境价值四个板块组成，由此提出了中国 ESG 的内容逻辑。

第二，升级披露指标。《指南 5.0》广泛吸纳国内外最新 ESG 倡议、指南、标准，充分借鉴国内外 ESG 评级机构关注的重点议题与指标，并结合中国经济社会发展大局、国家重大发展战略等，对《指南 4.0》的框架、具体指标进行调整、优化、升级，充分满足企业 ESG 信披要求。

第三，细化操作指导。《指南 5.0》依然延续了对每个指标提供参考示例的传统，从 2021 年优秀的中国 ESG 报告中广泛筛选示例，让企业能够学习借鉴优秀报告的披露方式，并学到这些企业在具体指标上的优秀实践。同时，《指南 5.0》结合公司编制 ESG 报告时普遍面临的环境类绩效指标难统计、难计算问题，设置专章"第三章　环境绩效指标计算"，解读部分环境类关键绩效指标的统计原则与计算方法。

第四，规范编写流程。《指南 5.0》对《指南 4.0》报告流程管理进行优化，结合 ESG 报告编制的特有步骤，将原有的"八个流程要素"变更为"九个流程要素"，进一步厘清 ESG 报告编写规程，明确各阶段、各步骤的工作目标与重点任务，并特别增设"鉴证"环节，引导公司主动参与报告评级，提升 ESG 报告质量。

第五，注重价值管理。ESG 报告是传递公司 ESG 工作理念、行动与成效的重要载体，不仅具有回应监管机构合规要求，加强与外部重要相关方沟通的功能，还能够"以编促管"，借助报告编制发现公司 ESG 管理的缺项漏项，提升 ESG 工作水平。《指南 5.0》识别并归纳了 ESG 报告的功能价值，即合规管理价值、绩效改善价值、声誉提升价值，并提出实现路径与回应方法，帮助公司更好发挥 ESG 报告的多重功能。

《指南 5.0》在中国社会责任百人论坛 ESG 专家委员会的指导下，汇集了社会责任/ESG 领域专家学者、企业 ESG 工作负责人的智慧，得到了许多企业的大力支持，希望能够成为一本既具有国际视野又符合本土国情的专业工具书，指导中国公司提升 ESG 报告编制水平，以高质量的信息披露支撑公司 ESG 工作水平迈上更高台阶。

《指南 5.0》编委会

2023 年 7 月

目　录

第一章　《中国企业社会责任报告指南(CASS-ESG 5.0)》简介 …… 1

一、理论基础 …………………………………………………… 1

二、新版特点 …………………………………………………… 2

三、指南目的 …………………………………………………… 4

四、指南应用 …………………………………………………… 6

五、指南生态 …………………………………………………… 6

第二章　建筑业 ESG 概述 ………………………………… 10

一、建筑业在国民经济中的地位 ……………………………… 10

二、建筑业践行 ESG 理念的意义 …………………………… 12

三、建筑业 ESG 特征及要求 ………………………………… 14

第三章　建筑业 ESG 报告特征 …………………………… 21

一、国际建筑业 ESG 报告特征 ……………………………… 21

二、国内建筑业 ESG 报告特征 ……………………………… 24

第四章　ESG 报告内容体系 ……………………………… 29

一、报告前言（P 系列） ……………………………………… 29

二、治理责任（G 系列） ……………………………………… 37

三、环境风险管理（E 系列） ………………………………… 50

四、社会风险管理（S 系列） ·············· 72

五、价值创造（V 系列） ·············· 94

六、报告后记（A 系列） ·············· 107

第五章　环境绩效指标计算 ·············· 114

一、环境管理 ·············· 114

二、资源利用 ·············· 114

三、排放 ·············· 119

四、应对气候变化 ·············· 122

第六章　ESG 报告流程管理 ·············· 134

一、组织 ·············· 135

二、策划 ·············· 138

三、识别 ·············· 140

四、研究 ·············· 143

五、启动 ·············· 146

六、编制 ·············· 147

七、鉴证 ·············· 150

八、发布 ·············· 152

九、总结 ·············· 154

第七章　ESG 报告价值管理 ·············· 156

一、合规管理 ·············· 156

二、绩效改善 ·············· 157

三、声誉提升 ·············· 160

第八章　ESG 报告质量评价 ·············· 162

一、ESG 报告过程评价 ·············· 162

二、ESG 报告内容评价 ································· 168

第九章　中国建筑股份有限公司社会责任管理实践 ········ 172

一、公司简介 ································· 172
二、责任管理 ································· 173
三、报告管理 ································· 175
四、报告评级 ································· 178

附　录 ································· 181

一、指标体系表 ································· 181
二、参编机构 ································· 191
三、参考文献 ································· 193

第一章 《中国企业社会责任报告指南（CASS-ESG 5.0）》简介

一、理论基础

《中国企业社会责任报告指南（CASS-ESG 5.0）》创新构建了包含治理责任（G）、风险管理（R）及价值创造（V）的"三位一体"的理论模型（见图 1-1），以治理责任为基础，以风险管理和价值创造为两翼，形成稳定的三角结构，构成了公司 ESG 工作的行动逻辑和完整生态。

治理责任（G）：指公司合理分配股东、董事会、管理层以及各利益相关方的权、责、利，建立健全相互制衡的制度体系，确保公平高效运营，包含公司治理、董事会 ESG 治理和 ESG 管理。其中，公司治理主要考察公司经营合规情况，是 ESG 与社会责任的最大差异之处；董事会 ESG 治理考察公司董事会对于 ESG 工作的参与情况；ESG 管理考察公司为确保 ESG 战略决策有效执行建立的管理体系。

风险管理（R）：包括环境风险管理（E）和社会风险管理（S）。环境风险管理指公司降低生产经营对环境的负面影响，主动投身生态文明建设，包含环境管理、资源利用、排放、守护生态安全、应对气候变化等方面。社会风险管理指公司降低生产经营对社会的负面影响，使公司赖以生存的社会生态系统稳定发展，包含雇用、发展与培训、职业健康和安全生产、客户责任、负责任供应链管理等方面。

价值创造（V）：包括国家价值、产业价值、民生价值和环境价值。国家价值指公司通过服务国家战略大局创造的价值，表现为响应、贯彻、落实国家重大方针战略。产业价值指公司通过服务产业健康发展创造的价值，表现为对行业发展的贡献，包含技术创新、产业链协同和产业生态培育等方面。民生价值指公司通过服务人民美好生活创造的价值，包含促进就业、公共服务和公益慈善等方面。环境价值指公司通过服务生态环境保护创造的价值，包含助力"双碳"目标和守护绿色生态等方面。

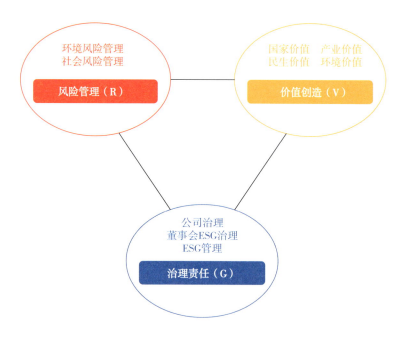

图1-1　《中国企业社会责任报告指南（CASS-ESG 5.0）》理论模型

二、新版特点

（一）传承延续

ESG 是企业社会责任在资本市场的衍生概念，二者本质与内涵一脉相承。因此，在编修《指南 5.0》时，需要继承两者相通之处。具体而言，《指南 5.0》延用《指南 4.0》"责任管理"的具体议题与指标，将其整合纳入"治理责任"下的"董事会 ESG 治理""ESG 管理"；延用《指南 4.0》"环境责任"和"社会责任"板块下的部分议题与指标，将其归属到"风险管理""价值创造"；梳理《指南 4.0》"市场责任"的具体议题与指标，依据指标属性分别纳入"治理责任""风险管理""价值创造"。此外，鉴于社会责任报告与 ESG 报告的编制流程基本相同，《指南 5.0》较完整地保留了《指南 4.0》"报告过程管理"相关内容，结合 ESG 报告编制的特殊步骤，进行完善，增设"鉴证"环节，形成 ESG 报告流程管理体系。

（二）突破创新

ESG 报告是 ESG 信息传播的有效载体，重要性日益凸显，已成为上市公司的"必答题"。《指南 5.0》以为上市公司提供专业系统、全面翔实的 ESG 信息披露指引为目标，从应用对象、覆盖议题、指标设定等方面对《指南 4.0》进行创新，切实回应资本市场关注。在应用对象上，《指南 5.0》聚焦上市公司，致力于帮助其回应 ESG 信息披露的相关要求。在覆盖议题上，《指南 5.0》整合国内外 ESG 最新趋势，梳理、分析 ESG 领域前沿议题与中国特色议题，帮助公司全面了解重大 ESG 议题。在指标设定上，《指南 5.0》强调对关键绩效指标的披露，提升报告的实用性，满足 ESG 投资、ESG 评级对企业非财务相关信息的基本诉求。

（三）借鉴标准

ESG 最早源于西方的伦理投资、责任投资。经过长期理论与实践积累，国际 ESG 研究、实践、评级、投资等已较为成熟。为确保《指南 5.0》与国际 ESG 相关标准要求、披露原则等接轨，课题组对标全球报告倡议组织（GRI）、可持续发展会计准则委员会（SASB）、国际综合报告委员会（IIRC）、全球环境信息研究中心（CDP）、气候相关财务信息披露工作组（TCFD）、气候披露标准委员会（CDSB）等国际组织的 ESG 最新标准。同时，充分研读中国监管部门 ESG 相关文件，对标生态环境部《企业环境信息依法披露管理办法》《企业环境信息依法披露格式准则》、中国证监会《上市公司治理准则》、香港联合交易所《环境、社会及管治报告指引》、深圳证券交易所《上市公司社会责任报告披露要求》、上海证券交易所《上市公司自律监管指引第 1 号——规范运作》等文件，遵循国内规范。

（四）适应本土

因世界各国（地区）的政治体制、经济水平等有所差异，其 ESG 政策、标准、指引的制定多遵循自身发展实际，各有侧重。鉴于此，《指南 5.0》的修编也遵循适应本土的原则。一方面，在指南定位、内容设置等方面，结合"十四五"时期国家发展方向与目标，将"一带一路"、乡村振兴、碳达峰、碳中和等重大战略、倡议纳入考量；另一方面，充分考虑我国 ESG 发展起步较晚、国内上市公司 ESG 发展阶段与工作水平整体落后于欧美发达国家及地区上市公司的现状，在议题、指标的设定上遵从现状，确保成果具备较强的适用性。

三、指南目的

《指南 5.0》的编修期望达到以下目的：

（一）为公司 ESG 信息披露提供实用工具书

ESG 信息披露已成为上市公司回应投资者和其他利益相关方关切的重要手段，但国内监管机构尚未明确推出 ESG 信息披露的专项指引或工作指南，上市公司开展 ESG 信息披露多参考国际 ESG 标准指引。如何从纷繁复杂的国际标准中筛选出适合公司的信息披露框架，存在一定难度。《指南 5.0》全面对标国内外 ESG 相关披露要求，梳理总结 ESG 信息披露的关键议题与指标，力争为公司编制 ESG 报告、开展 ESG 信息披露提供实用工具书。

（二）为公司开展 ESG 报告管理提供系统指导

《指南 5.0》除了对 ESG 报告的覆盖内容提供细化指引外，还对 ESG 报告的流程管理（详见第六章）、价值管理（详见第七章）、质量管理（详见第八章）做出详细阐述，为公司全面提升 ESG 报告管理水平、充分发挥 ESG 报告价值提供实操性指导，帮助公司以高质量的 ESG 信息披露充分回应各利益相关方的期望与诉求，并以报告为抓手提升 ESG 治理水平，提高防范风险、创造价值的能力。

（三）为公司改善 ESG 评级提供有效抓手

好的 ESG 评级结果可以帮助公司树立良好声誉，赢得投资者青睐。ESG 报告承载了 ESG 评级机构所需的大量信息，对公司 ESG 评级结果有重要影响。《指南 5.0》在议题选取和指标设定方面参考了明晟（MSCI）、标普道琼斯（DJSI）、富时罗素（FTSE Russell）、全球环境信息研究中心（CDP）等国外 ESG 评级，也借鉴了中国社会科学院研究团队发布的"科技责任·先锋 30 指数""央企 ESG·先锋 50 指数""重点行业上市公司 ESG 指数"等评价体系，能够帮助公司更好回应各类 ESG 评级，改善 ESG 评级表现。

（四）为监管机构制定 ESG 信息披露框架提供有益参考

中国尚未形成统一的 ESG 信息披露框架。香港联合交易所的《环境、社会及管治报告指引》在披露内容方面为公司提供了指导，但没有充分考虑中国内地的社会环境发展情境，且未涉及 ESG 报告编制方法。中国证监会、上海证券交易所、深圳证券交易所等内地监管机构尚未出台统一、细化的 ESG 信息披露指引。《指南 5.0》的修编接轨国际标准、综合国情企情，意图从框架、内容、流程等方面为内地监管机构制定 ESG 信息披露框架提供有益参考。

四、指南应用

（一）按照《指南 5.0》的流程编写报告

公司按照《指南 5.0》的报告编制流程，完成各环节具体工作，确保报告编制的规范性。

（二）参考《指南 5.0》的指标编写报告

公司按照《指南 5.0》设置议题和指标，拟定 ESG 报告框架，将各指标置于报告各个板块之下，参考《指南 5.0》指标示例阐述各指标在公司的具体表现。报告附录部分建议对照《指南 5.0》指标体系制作内容索引。

（三）按照《指南 5.0》的方法提升报告价值

公司在编制 ESG 报告的过程中和 ESG 报告编制完成后，按照《指南 5.0》确定的方法管理报告价值，做好利益相关方的重点回应、过程参与和影响传播。

（四）申请参加"中国企业 ESG 报告评级"

报告评级是中国企业社会责任报告评级专家委员会对公司社会责任报告、可持续发展报告、ESG 报告进行的第三方质量评定。公司 ESG 报告编制完成后，可申请参与中国企业 ESG 报告评级，提升报告规范性，获得专业认可（详见第六章"鉴证"）。

五、指南生态

自《指南 1.0》发布至今，以指南为中心，在研究、评价等领域已延伸出诸多成果，包括连续 15 年发布的《企业社会责任蓝皮书》及"中国企业社会责任发展指数"、连续 13 年开展的"中国企业社会责任报告评级"。《指南 5.0》从社会责任聚焦到 ESG，形成以指南为核心，延伸至报告评价、ESG 评级的指南生态系统（见图 1-2）。一方面，以指南为依据，开展"企业 ESG 报告评级"，建立专业的 ESG 报告评价体系，为企业更好编写 ESG 报告提供科学指导；另一方面，以指南为基础，开展上市公司 ESG 评级，形成 ESG 系列指数，持续跟踪中国企业 ESG 工作水平。另外，还围绕报告评价、ESG 评级，搭建高端平台，在中国社会责任百人论坛 ESG 专家委员会的指导下，举办 ESG 中国论坛系列峰会，推动中国 ESG 体系建设。

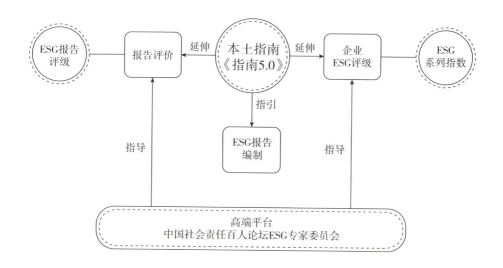

图 1-2　指南生态系统

（一）《指南 5.0》与中国企业 ESG 报告评级

中国企业 ESG 报告评级是由中国企业社会责任报告评级专家委员会所提供的一项专业服务，以《中国企业社会责任报告指南（CASS-ESG 5.0）》《中国企业 ESG 报告评级标准（2023）》为评价依据，设置过程性、实质性、完整性、平衡性等评价维度，对企业 ESG 报告进行质量认证，旨在帮助企业提高报告的规范性与公信力，以报告促管理，充分发挥报告在企业 ESG 绩效改善、利益相关方沟通等方面的作用，助力企业提升 ESG 管理与实践水平。

【成果特点】

专家权威：中国企业社会责任报告评级专家委员会由来自国务院国资委、工业和信息化部、中国上市公司协会、中国电力企业联合会、全球契约中国网络、中国社会科学院、清华大学、中国人民大学、北方工业大学等机构的 ESG 专家组成。

评价全面：从报告内容、流程、价值等多维度进行全方位评价，出具专家签署的评级报告。最终结果通过星级呈现，分别为五星级（卓越）、四星半级（领先）、四星级（优秀）、三星级（良好）等。

建议专业：评估人员与参评公司进行一对一沟通，指导公司 ESG 报告管理工作；评级专家对 ESG 报告"把脉"，出具评级报告，提升报告质量。

推广多元：通过 ESG 中国论坛系列峰会等渠道全方面宣传展示公司 ESG 报告。

（二）指南 5.0 与中国企业 ESG 评级

依托《指南 5.0》，开展中央企业上市公司 ESG 评级、民营上市公司 ESG 评级、重点行业上市公司 ESG 评级等，呈现中国企业 ESG 发展水平，为其改进 ESG 工作提供有益参考。

中央企业上市公司 ESG 评级：以中央企业控股上市公司为评价样本，构建分行业指标体系，结合问卷调研和企业公开信息，形成央企上市公司 ESG 评级结果，表现最好的前 50 家公司入选"央企 ESG·先锋 50 指数"。

民营上市公司 ESG 评级：以中国民营上市公司为评价样本，构建民营上市公司 ESG 评价指标，结合问卷调查和企业公开信息，形成民营上市公司

ESG 指数。

重点行业上市公司 ESG 评级：选取社会关注度高、影响力大的重点行业，选取行业内 A 股、中资股、中概股上市公司，构建分行业指标体系，形成各重点行业上市公司 ESG 指数。

重点企业 ESG 评级：选取特定领域、属性的企业为评价样本，开展 ESG 评级。目前已开展或拟进行的重点企业 ESG 评级包括两类。一是以科技企业为评价样本，构建"科技责任·先锋 30 指数"；二是以中国 A 股市值规模较大的上市公司为评价样本，构建"中国上市公司 ESG 100 指数"。

扫码进入"责任先锋"小程序，查看企业 ESG 评级结果

第二章 建筑业 ESG 概述

一、建筑业在国民经济中的地位

建筑业是专门从事土木工程、房屋建设和设备安装以及工程勘察设计工作的生产部门，其产品是各种工厂、矿井、铁路、桥梁、港口、道路、管线、住宅以及公共设施的建筑物、构筑物和设施，包括房屋建筑业，土木工程建筑业，建筑安装业及建筑装饰、装修和其他建筑业四大领域，涉及建筑物的建造施工、装饰和建筑物内设备安装三大环节。

建筑业是国民经济的支柱产业。近年来，在创新、协调、绿色、开放、共享的新发展理念的引领下，我国建筑业生产规模不断扩大，行业结构和区域布局不断优化，吸纳就业作用显著，支柱产业地位不断巩固，在经济社会发展、城乡建设和民生改善方面发挥着重要作用。2021 年，全年国内生产总值 1143670 亿元，其中，第一产业增加值 83086 亿元，第二产业增加值 450904 亿元，第三产业增加值 609680 亿元，而建筑业实现的增加值高达 80138 亿元[①]，已接近第一产业增加值总和，约占国内生产总值的 7%，其在国民经济中的支柱地位主要体现在以下方面：

（一）建筑业为国民经济发展提供重要的物质基础

建筑业通过完成大规模的固定资产投资，为国民经济各行业的持续发展提供物质基础，直接影响着国民经济的增长和全社会劳动就业状况。国民经

---

① 数据源自国家统计局发布的《中华人民共和国 2021 年国民经济和社会发展统计公报》。

济各物质生产部门所需要的厂房、仓库等建筑物和道路、码头、堤坝等构筑物都是建筑业的产品；工业企业的机器设备也必须经过建筑企业进行安装才能形成最终的生产能力。《关于加快建筑业改革与发展的若干意见》指出，我国全社会 50%以上固定资产投资都要通过建筑业才能形成新的生产能力或使用价值。建筑业对国民经济的扩大再生产具有重要的推动作用，对社会财富的积累和民生持续的改善也具有重要意义。

（二）建筑业对关联产业发展具有巨大的带动作用

作为实体经济，建筑业产品的生产过程伴随着大量物质资料的消费，因此，建筑业能够吸收国民经济中其他部门大量的物质产品，从而带动相关产业的发展。具体来说，建筑业需消耗钢材、木材、水泥、玻璃、五金等 50多个行业、2000 多个品种、30000 多种规格的产品，产业链条长、关联度高，能为其他产业部门的发展提供广阔的市场，促进其他产业部门更大的发展，对整个国民经济起到很强的带动作用。

（三）建筑业对吸纳和带动就业具有重要意义

虽然我国正在由"建造大国"向"建造强国"加速迈进，但目前看来，建筑业仍然属于劳动密集型，加之庞大的体系和产业关联性，决定了建筑业在吸纳和带动就业方面具有重要作用。2021 年，全社会建筑业企业用工人数达 8180 万人，在国民经济行业门类中位居第二[①]，仅低于制造业，成为吸纳就业的重要领域。2021 年末，全国农民工总量 29251 万人，其中建筑业农民工年末从业人员占比为 19.0%[②]。建筑业在缓解社会就业压力、转移农村富余劳动力、促进城乡统筹发展和维护社会稳定等方面发挥着重要作用。

（四）建筑业为中国式现代化建设做出显著贡献

中国式现代化是中国共产党领导的社会主义现代化，人民的安危冷暖是

---

①　数据源自国家统计局发布的《建筑业高质量大发展　强基础惠民生创新路——党的十八大以来经济社会发展成就系列报告之四》。

②　数据源自国家统计局发布的《2021 年农民工监测调查报告》。

党最深切的牵挂、人民的生活质量是党的核心关切。自古以来，"住有所居""宜居宜业"一直是人民最朴素、最热切的梦想。2021年人民网全国两会调查热词榜中，"住有所居"位居第八位。作为乡村建设的排头兵、新型城镇化的主力军，建筑业为人民居住条件改善、人民生活质量提高做出重要贡献，在"住有所居"方面，2016～2020年，全国农村地区建档立卡贫困户危房改造600多万户，2019～2021年，全国累计开工改造了城镇老旧小区11.5万个，惠及居民超过2000万户①；在"宜居宜业"方面，建筑企业为全社会建造了大量的学校、医院、商店、科研文化设施，为满足人们的文化教育、医疗卫生及购物娱乐活动提供了基本设施条件，2013～2021年，全国建成普通高等学校、普通高中、学前教育、医疗卫生机构、公共图书馆、博物馆，年均分别增加30多所、100多所、1.1万所、0.8万个、139个和2703个②。多年来，建筑业已通过不断完善城市的轨道交通、地下空间、通信配套、能源基建等为中国式现代化所需的物质基础建设做出了巨大贡献。当前，城镇化进入提质增效新阶段，取得了历史性成就。未来，建筑业在从"量"的扩张转向"质"的提升过程中，在向工业化、智能化、绿色化转型发展中，必将以更多高质量建筑为中国式现代化总体目标的早日实现奉献特有的行业力量。

二、建筑业践行 ESG 理念的意义

党的二十大明确提出，"发展是党执政兴国的第一要务。没有坚实的物质技术基础，就不可能全面建成社会主义现代化强国"。作为为全社会各个部门提供重要物质技术基础的支柱产业，在近年来全球气候变化、环境风险加剧等复杂情况下，积极践行 ESG 理念、主动融入 ESG 大潮能够有效防范社会环境风险、扎实筑牢发展根基，以稳健的"建造之力"积极推动社会、

①② 数据源自国家统计局发布的《建筑业高质量大发展　强基础惠民生创新路——党的十八大以来经济社会发展成就系列报告之四》。

行业、企业可持续发展。

（一）宏观层面，是推动社会可持续发展的必然要求

建筑业通过大规模的固定资产投资活动为国民经济各部门、各行业的持续发展和人民生活的持续改善提供物质基础。建筑业的业务范围已经扩大到社会、经济、人民生活的各个方面，任何一个产业部门的发展都离不开建筑业的基础性支撑、拉动和服务作用。建筑业作为整个社会生产和实现社会扩大再生产不可或缺的特殊产业，只有切实践行 ESG 理念，创造优异的主业价值，保障建筑产品的质量和安全，各部门、各行业才能在安全、健康的环境下进行生产，国民经济才能健康、平稳地向前发展。因此，建筑业践行 ESG 理念是国民经济平稳发展的保障。

（二）中观层面，是促进行业可持续发展的必然选择

目前，建筑业依然存在发展方式粗放、高耗能高排放、建筑品质总体不高等问题，特别是在长久大拆大建推进城镇化建设的过程中，中国大量建筑的平均寿命不到 30 年，短寿命周期的建筑每年产生数亿吨的建筑垃圾，带来了巨大的环境威胁。当城镇化进程由大规模增量建设转为存量提质改造和增量结构调整并重，建筑业也需要转变发展思路，从追求高速增长转向追求高质量发展，以践行 ESG 理念实现从"量"的扩张转向"质"的提升，走出一条内涵集约式发展新道路。

《"十四五"建筑业发展规划》明确提出了"建筑工业化、数字化、智能化水平大幅提升""建造方式绿色转型成效显著"等"十四五"时期发展目标，绿色、智能建造已成为建筑业转型发展的前进方向。践行 ESG 理念，将促使企业采用新型绿色建造方式、提升绿色建筑发展质量、提高新建建筑节能水平，切实提高发展质量和效益，实现建筑业高质量发展。

（三）微观层面，是保障企业可持续发展的内在要求

ESG 工作事关全面贯彻新发展理念，事关企业高质量发展，事关世界一

流企业建设。建筑业企业践行 ESG 理念能够降低企业业务经营的非财务风险，助益企业的价值创造，提升企业的经营绩效。尤其是在建筑市场形势发生重大变化的当下，建筑企业既要抓好主业，又要培育新的增长点，既要大胆推进改革创新，又要有效防范化解各类风险。建筑企业需要将 ESG 的思想内涵深度融入企业改革发展的方方面面，从多个角度审视企业，找到新的工作切入点，更高质量推动深化改革、管理提升、生产经营等各项工作。另外，建筑领军企业需要主动研究、适应、运用国际 ESG 准则，在这一领域掌握更多话语权和主动权，更好地参与国际市场竞争，深度融入全球建筑产业分工与合作，提升全球资源配置能力，高效联动国内国际建筑市场，提升我国建筑产业链供应链的韧性和安全水平。

三、建筑业 ESG 特征及要求

不同行业的企业在 ESG 建设上存在着不同的潜在风险和工作重点，提出了差异化的 ESG 议题。从行业特点出发，建筑业在质量管理、安全生产、权益保护、绿色建筑、智能建造、品牌管理、海外履责七方面表现出具有自身特点的 ESG 特征和要求。

（一）质量管理

百年大计，质量第一。2017 年 9 月，中共中央、国务院印发的《关于开展质量提升行动的指导意见》明确指出，要提升建设工程质量水平，确保重大工程建设质量和运行管理质量，建设百年工程。2022 年 10 月，党的二十大报告再次强调要加快建设质量强国。在经济发展的转型阶段，以"质量第一"为价值导向是建筑业深化改革的关键，确保工程质量是建筑业工程项目建设管理永恒的主题，也是建筑业 ESG 管理核心议题。国际通用的 ISO 9000 质量管理标准、我国管理部门编制的《建设工程质量管理条例》《建设工程质量检测管理办法》等都对建筑质量提出了具体要求。

首先，要全面落实各方主体的工程质量责任，特别是强化建设单位的首要责任和勘察、设计、施工、监理单位的主体责任，构建更加合理的质量责任体系。对于从业人员而言，要强化个人执业管理，落实注册执业人员的质量安全责任，规范从业行为，建立个人执业保险制度，加大执业责任追究力度。对于项目负责人而言，要严格执行建设、勘察、设计、施工、监理等五方主体项目负责人质量安全责任规定，强化项目负责人的质量安全责任。同时，严格执行工程质量终身责任书面承诺制、永久性标牌制、质量信息档案等制度，完善建筑工程质量标准体系，强化工程质量保障的标准化措施，督促各方主体健全质量安全管控机制，提高工程质量安全管理水平。

其次，强化对工程建设全过程的质量安全监管。完善省、市、县三级监管体系，厘清层级监管职责，严格落实监管责任。依托全国工程质量安全监管平台和地方各级监管平台，大力推进"互联网+监管"，充分运用大数据、云计算等信息化手段和差异化监督方式，实现"智慧"监督。完善质量监管和执法衔接机制，提高精准执法和服务水平。加强工程质量监督队伍建设，加大专业人员培训力度，强化层级监督考核机制，提升监督队伍标准化、专业化水平。组织开展全国工程质量检测行业专项治理行动，规范检测市场秩序，依法严厉打击弄虚作假等违法违规行为。

（二）安全生产

建筑业的作业特点以及劳动密集型的特点使其表现出相比其他行业较高的事故伤亡率。在新《中华人民共和国安全生产法》强调"人民至上、生命至上，把保护人民生命安全摆在首位"的背景下，安全生产已然成为新时代建筑业高质量发展的重要内涵。特别是随着经济发展，铁路、公路、水利、水电等建设工程不断向高海拔山区延伸，自然灾害和危险有害因素增多；高层建筑、市政工程越来越多，施工场地狭小，周边人员密集，起重吊装、深基坑作业、大型脚手架等安全风险越来越高，建筑施工安全生产形势日趋严峻，不容忽视。

推动建筑业高质量发展，需要建筑企业持续完善管理制度和责任体系，加大从业人员安全生产相关法律法规培训力度，切实提升施工人员的安全能力及意识；通过与政府相关部门配合成立监督管理队伍，不断加强对施工现场的监督，做到及时发现隐患，排查、解决问题，严控施工过程中可能会出现的安全风险；强化对深基坑、高支模、起重机械等危险性较大的分部分项工程的管理，以及对不良地质地区重大工程项目的风险评估或论证，施工过程抓高危险部位、抓事故多发点，做到标本根治；加快物联网、机器人、人工智能等数字化技术应用，推动管理模式和管理方法的革新，保障人身安全，提升企业本质安全水平。

（三）权益保护

建筑业属于劳动密集型产业，绝大部分建筑工人是进城务工的农民工，2021 年，全国从事建筑业的农民工约 5557 万人，占全国农民工的近 1/5[①]。建筑从业者在本身整体健康风险较高、受教育水平低的情况下，仍面临着作业时间长、工作强度大、环境恶劣、技能培训不足等的问题，建筑从业者的劳动权益与社会保障不到位严重制约了我国建筑行业的高质量发展。

维护建筑工人的合法权益不仅是企业应尽的义务，也是企业长远发展的必要条件。建筑企业应全面落实建筑工人劳动合同制度，健全工资支付保障制度，严格遵循《工程建设领域农民工工资保证金规定》《工程建设领域农民工工资专用账户管理暂行办法》等制度，落实工资月清月结制度，加大对拖欠工资行为的打击力度。政府应探索与建筑业相适应的社会保险参保缴费方式，大力推进建筑施工单位参加工伤保险，搭建劳务费纠纷争议快速调解平台，引导有关企业和工人通过司法、仲裁等法律途径保障自身合法权益；不断改善建筑工人的工作、生活环境，逐步实现农民工作业环境的标准化、生活环境的秩序化。建筑企业应积极响应《住房和城乡建设部等部门关于加快培育新时代建筑产业工人队伍的指导意见》，实现公司化、专业化管理，建立职业技能培训、考核评价体系，培育高水平建筑工匠、新时代建筑产业

---

① 数据源自国家统计局发布的《2021 年农民工监测调查报告》。

工人，助力行业改革、产业升级。

（四）绿色建筑

"力争 2030 年前实现碳达峰、2060 年前实现碳中和"，是中国对国际社会的庄严承诺，也是推动高质量发展的内在要求，而建筑业是"碳达峰、碳中和"的主战场。《中国建筑节能年度发展研究报告 2020》指出，我国建筑碳排放总量整体呈现出持续增长趋势，其中 2019 年建筑业狭义碳排放总量占我国建筑碳排放总量的 21%，广义碳排放量占到 40% 以上。

绿色建筑是在建筑的全寿命期内，最大限度地节约资源、保护环境和减少污染，为人们提供健康、适用和高效的使用空间，与自然和谐共生的建筑。2022 年 3 月，《"十四五"建筑节能与绿色建筑发展规划》明确，到 2025 年，城镇新建建筑全面建成绿色建筑，建筑能源利用效率稳步提升，建筑用能结构逐步优化，建筑能耗和碳排放增长趋势得到有效控制，基本形成绿色、低碳、循环的建设发展方式，为城乡建设领域 2030 年前碳达峰奠定坚实基础。献力"双碳"目标，实现绿色发展，基于此，建筑企业应践行绿色建造，主动研发绿色施工技术，全面应用、推广可再生能源利用、外遮阳、雨水集蓄、市政中水、预拌混凝土、预拌砂浆等绿色技术；积极开展绿色规划设计，通过绿色建筑与互联网等新技术的融合以及因地制宜的规划设计等，进一步提高节地、节能、节水、节材的效果；评估项目环境影响，推进施工现场建筑垃圾减量化，推动建筑废弃物的高效处理与再利用，构建研发、设计、建材和部品部件生产、施工、资源回收再利用等一体化协同的绿色建造产业链，携手上下游共同推动建筑业绿色转型发展。

（五）智能建造

2022 年 7 月，联合国发布的《世界人口展望 2022》显示，世界人口预计将在 2050 年增长至约 97 亿，65 岁以上人口的比例预计将上升至 16.4%，全球老龄化势不可挡。作为劳动密集型产业，人口结构变化带来的劳动力供给减少和人力成本刚性上升给建筑业带来巨大挑战，以智能化发展提升建筑效益、转型为技术密集型产业是建筑业未来发展的必然趋势。

《"十四五"建筑业发展规划》中明确强调，将加快智能建造与新型建筑工业化协同发展作为主要任务，在"十四五"时期将实现建筑工业化、数字化、智能化水平大幅提升。建筑企业应大力发展数字设计、智能生产、智能施工和智慧运维，加快建筑信息模型（BIM）技术研发和应用，建设建筑产业互联网平台，完善智能建造标准体系，推动自动化施工机械、建筑机器人等设备研发与应用，开展智能建造试点，加快智慧工地建设应用。通过推动建筑工业化、数字化、智能化升级，提升企业核心竞争力，助力"中国建造"迈入智能建造世界强国行列。

（六）品牌管理

当前，随着世界主要国家产业政策的重大转变和新一轮科技革命的爆发，全球价值链重构进入关键时期，经济发展正由制造导向转为创新导向、品牌导向，品牌在竞争中的作用日益凸显。品牌成为企业核心竞争力的重要组成部分，也是行业、区域乃至国家总体实力的综合体现。发挥品牌引领作用，深入推进供给侧结构性改革，是我国谋求全球价值链重构主导地位的重要抓手。

习近平总书记在 2014 年 5 月考察河南时提出，推动中国制造向中国创造转变、中国速度向中国质量转变、中国产品向中国品牌转变。习近平总书记在中央全面深化改革委员会第二十四次会议上强调，"加快建设一批产品卓越、品牌卓著、创新领先、治理现代的世界一流企业，在全面建设社会主义现代化国家、实现第二个百年奋斗目标进程中实现更大发展、发挥更大作用"。《关于新时代中央企业高标准履行社会责任的指导意见（征求意见稿）》指出，到 2025 年，中央企业形成一批社会影响力大、示范带动作用明显的优秀品牌项目、品牌工作。建筑企业特别是中央建筑企业需要建设品牌卓著的世界一流企业。ESG 价值理念中对环境的亲和友好、对社会的责任担当、对治理的公开透明，是建筑企业品牌定位、塑造与传播的核心要素。建筑企业要将 ESG 作为品牌建设的重要抓手，将 ESG 核心理念融入公司品牌追求，转化为"我要做"的价值认同和行动自觉，主动对标 ESG 议题，打造"中国建造"名片，以企业形象彰显国家形象。

（七）海外履责

2013 年，习近平总书记提出共建"一带一路"倡议，历经 10 年耕耘，从夯基垒台、立柱架梁到落地生根、持久发展，共建"一带一路"跨越不同地域、不同发展阶段、不同文明，从数字丝绸之路、创新丝绸之路到绿色丝绸之路、健康丝绸之路，共建"一带一路"合作的内涵不断丰富，互利合作的活力不断释放。我国建筑业"走出去"也已从最初单一的劳务输出转向施工总承包、海外并购、海外置业、融投资带动总承包、联合体+股权投资+承包、联合体+股权合作+承包+运营等多元化模式，承揽工程结构呈现多元化、多专业方向发展态势。对外承包工程的规模不断增大、技术含量逐渐增加，地域范围从主要在中东、非洲、东南亚等地区发展到全世界 190 多个国家和地区，年均为东道国提供超过 70 万个就业岗位，为当地社会经济发展做出了积极贡献。

党的二十大报告再次强调，推进高水平对外开放，稳步扩大规则、规制、管理、标准等制度型开放，推动共建"一带一路"高质量发展，深度参与全球产业分工和合作，维护多元稳定的国际经济格局和经贸关系。《关于新时代中央企业高标准履行社会责任的指导意见（征求意见稿）》提出，中央企业落实全球发展倡议，推动构建人类命运共同体。《"十四五"建筑业发展规划》也同样提出，加快建筑业"走出去"步伐。顺势发展、共创未来，具体而言，建筑企业应践行海外履责，一是要加强对外承包工程监督管理，规范企业海外经营行为；二是要提高对外承包能力，积极开展国际工程承包和劳务合作，并积极推动对外承包业务向项目融资、设计咨询、运营维护管理等高附加值领域拓展；三是要参与工程建设标准国际化进程，加强与有关国际标准化组织的交流合作、主动参与国际标准编制和管理工作，在与"一带一路"沿线国家及地区的多边双边工程建设标准交流与合作中努力推动我国标准转化为国际或区域标准，加强我国标准在援外工程、"一带一路"建设工程中的推广应用；四是要支持发展中国家的民生发展和减贫事业，主动谋划实施高质量"小而美"援助项目。踏上新征程，推动共建"一带一路"高质量发展，打造造福各国人民的世纪工程，建筑业必将为构建人类命运共同体做出新的更大贡献。

第三章 建筑业 ESG 报告特征

一、国际建筑业 ESG 报告特征

根据 2022 年《财富》世界 500 强中国际建筑企业的排名情况，选取以下在企业规模方面表现优异的四家企业作为研究对象，并对其报告进行特征分析（见表 3-1）。

表 3-1 国际工程与建筑业对标企业基本信息

企业名称	总部所在地	500 强排名	报告名称	报告页数
万喜集团	法国	218	2021 年综合报告	262
法国布伊格集团	法国	314	2021 年综合报告	64
大和房建	日本	354	2022 年可持续发展报告	189
西班牙 ACS 集团	西班牙	365	2021 年综合报告	238

通过对对标企业的报告特征进行分析，可以得到以下几个基本结论：

（一）报告信息完整，全面反映了企业在环境、社会、公司治理方面的履责绩效

四家对标企业报告的显著特点是报告信息完整，主要体现为责任领域全面、内容类型多样。第一，报告完整披露了企业在环境、社会和公司治理各责任领域的履责表现，四家对标企业的报告都全方位、多维度地梳理了自身

在环境、社会和公司治理各责任领域的工作，议题全面；第二，报告内容包含 ESG 治理与实践的管理理念、制度、措施及绩效，披露的信息内容类型多样，如法国万喜集团在报告中向利益相关方明确了企业可持续发展承诺及其管理理念，分析了影响企业业务趋势的环境、社会等领域的问题并制定了对应制度，以及为应对气候变化、与社会共享发展成果所采取的措施及相关绩效。

（二）报告议题具有实质性，聚焦行业，凸显 ESG 风险管理理念和可持续发展战略

在报告中体现 ESG 理念、具有明显的目标导向和行动成果导向是建筑业企业报告的共同特点。通过对四家对标企业报告的内容进行分析可以发现，虽然不同企业的经营规模、业务范围、所处地区等因素导致其在议题关注方面有一定区别，但总体上所有的企业都会关注共同核心议题。

从表 3-2 可以看出，环境保护、工程质量、职业健康、安全生产、供应链管理等议题是建筑业企业普遍关注的议题。总体看，建筑业企业对行业性议题的关注较为集中，具有较强的实质性。

表 3-2　国际建筑业对标企业实质性议题

关键议题	重点与趋势
环境风险管理	环保监测体系、绿色建材、绿色设计、绿色规划与施工、可持续建筑、清洁能源利用、废弃物管理、施工现场污染防治、开发建设项目环境保护、土壤治理、温室气体减排计划及行动、绿色低碳技术开发及应用
工程质量	质量管理、工程质量保障体系、产品安全风险评估
员工责任	技能培训、职业健康管理、工伤事故和职业病防护
安全生产	科技兴安、施工安全保障、建筑工地安全风险评估、安全教育
供应链管理	智慧采购、承包商劳工管理、供应链风险管理、公平竞争
支持社区发展	属地化经营、新型基础设施建设、保障性安居工程

（三）报告注重绩效数据披露，呈现"用事实和数据说话"的显著特点

四家对标企业的报告都注重列举大量绩效数据和事实材料，通过"事实和数据"进一步增强报告的真实性、说服力和权威度。例如，法国万喜集团在披露各个议题信息时都单独设置 2021 年度履责绩效板块（见图 3-1）；西班牙 ACS 集团在各章节通过披露大量绩效数据回应利益相关方对重要 ESG 指标的关注，提升指标的表现力。同时，在事实描述中加入认证资料对其 ESG 工作成效进行佐证，例如，西班牙 ACS 集团在报告多处展示通过 ISO 19600、ISO 14001、ISO 50001 等认证体系的客观事实。

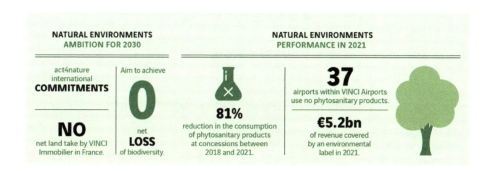

图 3-1　万喜集团 2021 年综合报告

（四）报告注重呈现形式，可读性较好，表现富有张力

国际建筑企业报告十分注重排版设计，以不同的主题色、醒目的序列号及差异化的字体形态对报告内容进行清晰、条理的区分；以表格或柱状图、饼状图等图形展示数据，让数据感知更直观，如法国布伊格集团用环状图展示综合绩效和实质性议题（见图 3-2），西班牙 ACS 集团用表格展示可持续发展目标及行动绩效等内容；采用交互式设计，极大地提升了报告阅读的便捷性，如大和房建的电子版报告便在每页页眉处设置章节链接，读者可以迅

速定位到自己关注的议题。

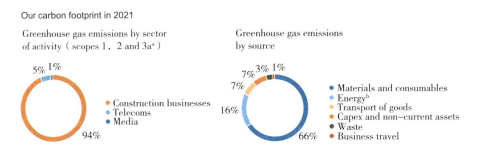

（a）Scope 1（direct emissions），scope 2（indirect emissions related to energy，especially the production of electricity and heat）and scope 3a（other indirect upstream emissions）.
（b）Energy consumption（on-site combustion）；consumption of electricity，steam，heat or refrigeration；and emissions related to the energy production process.

图 3-2　法国布伊格集团 2021 年综合报告

二、国内建筑业 ESG 报告特征

　　根据 2021 年《财富》世界 500 强的企业排名、企业 ESG/社会责任报告的发布及其履责表现情况，选取表现优异的五家国内建筑企业作为研究对象，并对其报告进行特征分析（见表 3-3）。

表 3-3　国内建筑业对标企业基本信息

企业名称	企业性质	500 强排名	首次发布报告年份	最新发布报告页数
中国建筑集团有限公司	中央企业	9	2010	110
中国铁路工程集团有限公司	中央企业	34	2009	103
中国铁道建筑集团有限公司	中央企业	39	2009	114
中国交通建设集团有限公司	中央企业	60	2008	113
中国电力建设集团有限公司	中央企业	100	2013	53

通过对对标企业的报告特征进行分析，可以得到以下几个基本结论：

（一）报告发布起步相对较晚，部分企业发布 ESG 报告

五家对标企业只有三家在 2010 年前发布了社会责任报告，一家企业在 2010 年发布首份社会责任报告，一家企业在 2013 年发布首份社会责任报告，国内建筑业企业发布社会责任报告的起步时间与国外同行业相比较晚。随着国内对 ESG 领域的认识不断深入和重视程度不断提高，2021 年，部分企业发布了 ESG 报告。

（二）报告内容日益翔实，指标披露趋向全面，但平衡性和可比性有待提升

国内建筑业企业报告的内容日益翔实，指标披露趋向全面，但五家企业披露的内容以正面消息为主，负面消息披露相对较少，平衡性有待提升。虽然五家对标企业的报告均披露了连续三年履责绩效的重要数据，但由于国内外相关指标的统计范围、统计口径等存在差异，与国际领先企业横向可比性有待进一步提升。

（三）报告编制日趋科学规范，参考标准丰富且报告体系完善

国内建筑业企业的报告编制日趋科学，主要体现在两个方面：一是报告的参考标准多元、权威且具有时代性，五家对标企业报告编写的参考标准包括国内外 ESG 领域的经典指南和最新指引（见表 3-4）。二是报告体系日渐完善，五家对标企业不仅发布 ESG 报告，还基于重要的 ESG 议题发布专项报告，如中国建筑集团有限公司除发布年度可持续发展报告外，还发布了中国建筑服务海湾国家、新加坡、埃及、马来西亚、巴基斯坦、马尔代夫、刚果（布）七份专项报告；中国交通建设集团有限公司除发布 ESG 报告外还发布了"一带一路"专题社会责任报告等专项报告；中国电力建设集团有限

公司除发布年度社会责任报告外，还发布了中国电建服务老挝、印度尼西亚、赞比亚等专项报告。

表3-4　国内建筑业企业社会责任报告参考标准

企业名称	参考标准
中国建筑集团有限公司	国际标准化组织《ISO 26000：2010 社会责任指南》； 全球报告倡议组织《可持续发展报告标准》（GRI Standards）； 中国社会科学院《中国企业社会责任报告指南》； 国务院国资委《关于中央企业履行社会责任的指导意见》《关于国有企业更好履行社会责任的指导意见》； 上海证券交易所《上市公司自律监管指引第1号——规范运作》； 香港联合交易所《环境、社会及管治报告指引》
中国铁路工程集团有限公司	全球报告倡议组织《可持续发展报告标准》（GRI Standards）； 中国国家标准 GB/T 36000—2015《社会责任指南》； 中国国家标准 GB/T 36001—2015《社会责任报告编写指南》； 中国国家标准 GB/T 36002—2015《社会责任绩效分类指引》； 国务院国资委《关于中央企业履行社会责任的指导意见》； 上海证券交易所《上市公司环境信息披露指引》； 香港联合交易所《环境、社会及管治报告指引》
中国铁道建筑集团有限公司	国务院国资委《关于中央企业履行社会责任的指导意见》； 上海证券交易所《上市公司自律监管指引第1号——规范运作》； 全球报告倡议组织《可持续发展报告标准》（GRI Standards）； 国际标准化组织《ISO 26000：2010 社会责任指南》； 香港联合交易所《环境、社会及管治报告指引》； 中国社会科学院《中国企业社会责任报告指南基础框架（CASS‑CSR 4.0）》
中国交通建设集团有限公司	香港联合交易所《环境、社会及管治报告指引》； 上海证券交易所《上海证券交易所股票上市规则》； 中国社会科学院《中国企业社会责任报告指南基础框架（CASS‑CSR 4.0）》； 全球报告倡议组织《可持续发展报告标准》（GRI Standards）

续表

企业名称	参考标准
中国电力建设集团有限公司	上海证券交易所《上市公司履行社会责任的报告》《上海证券交易所上市公司环境信息披露指引》； 国务院国资委《关于中央企业履行社会责任的指导意见》； 全球报告倡议组织《可持续发展报告标准》（GRI Standards）； 国际标准化组织《ISO 26000：2010 社会责任指南》； 中国社会科学院《中国企业社会责任报告指南基础框架（CASS-CSR 4.0）》； 联合国可持续发展目标（SDGs）

（四）报告议题与国际保持同步，同时彰显中国特色，根植社会、辐射行业

从表 3-5 可以看出，国内建筑业企业关注的 ESG 议题主要包括公司治理、环境保护、安全生产、员工责任、伙伴责任以及社会公益，议题全面且与国际建筑企业保持同步。同时，还涉及很多中国特色议题，如中国建筑集团有限公司在报告中以责任专题的形式回顾中国建筑 70 余年薪火相传，从红色基因中凝聚奋进的力量，旗帜鲜明坚持党的全面领导，主动服务党和国家事业发展大局的履责表现；中国铁路工程集团有限公司在 2021 年 ESG 报告中设置三个特别专题分别展示中国中铁在承担央企责任上的突出成就，推动中国制造向中国创造转变、推动中国速度向中国质量转变、推动中国产品向中国品牌转变，以及顺应国家号召在"一带一路"建设中发挥的贡献。总体来看，国内建筑业企业的报告议题在与国际保持同步的同时，也带有中国本土特色。

表 3-5　国内建筑业企业社会责任报告聚焦的实质性议题

企业名称	公司治理	环境保护	安全生产	员工责任	伙伴责任	社会公益	特色议题
中国建筑集团有限公司	√	√	√	√	√	√	红色议题、助力"一国两制"

续表

企业名称	公司治理	环境保护	安全生产	员工责任	伙伴责任	社会公益	特色议题
中国铁路工程集团有限公司	√	√	√	√	√	√	践行"三个转变"重要指示、"一带一路"
中国铁道建筑集团有限公司	√	√	√	√	√	√	大国重器
中国交通建设集团有限公司	√	√	√	√	√	√	"一带一路"
中国电力建设集团有限公司	√	√	√	√	√	√	助力冬奥

（五）报告的回应性和参与性较强

五家对标企业的报告对利益相关方所关注的实质性议题都进行了清晰、详尽的披露，并在报告末尾附意见反馈页，以便及时获得利益相关方的意见和建议，更好地进行环境、社会及公司治理领域的信息披露，报告的回应度高、参与性强。

（六）报告传播力有待提升

让报告以更加畅通的渠道、更加新颖的形式呈给更多的利益相关方，是报告价值最大化的必然要求。不局限于传统的报告发布形式，近年许多企业紧跟"互联网+"形势，创新报告传播途径，设计 H5 版本报告，通过微信公众号、微博等新媒体平台发布报告，丰富利益相关方沟通平台，以更加生动形象的形式、优秀的交互体验展现公司履责行动。基于此，五家对标企业报告发布的渠道有待进一步增多、发布的形式有待进一步创新。

第四章　ESG 报告内容体系

本章详细介绍 ESG 报告应披露的具体内容，由六大维度构成：报告前言（P）、治理责任（G）、环境风险管理（E）、社会风险管理（S）、价值创造（V）和报告后记（A），如图 4-1 所示。

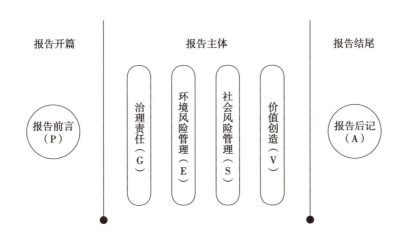

图 4-1　《指南 5.0》指标体系六大维度

一、报告前言（P 系列）

报告前言依次披露报告规范、高管致辞、责任聚焦和公司简介（见图 4-2）。

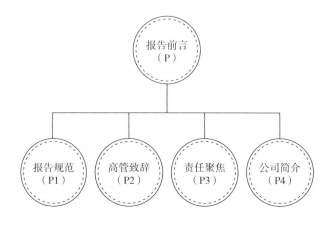

图4-2 报告前言下设议题

（一）报告规范（P1）

P1.1 质量保证

【指标解读】：指公司披露在 ESG 报告编制中采用哪种流程或采取哪些程序确保披露信息完整、准确、清晰、平衡、可比。

P1.2 信息说明

【指标解读】：关键要素包括：

- 披露报告发布主体、时间范畴、参考标准。

- 阐述报告信息边界，如是否覆盖所有业务、下属公司、合资公司以及供应链。由于各种原因（如并购、重组等），一些下属公司或合资公司在报告期内无法纳入 ESG 报告的信息披露范围，须单独说明。

- 若公司报告涵盖供应链，需对供应链信息披露的原则和信息边界做出说明。

- 最后，解答报告及其内容方面的问题联络人及联络方式、报告获取方式、延伸阅读。

P1.3 报告体系

【指标解读】：指公司 ESG 报告发布份数，或公司在发布 ESG 报告的同时，是否发布其他专项报告，如国别报告、产品报告、环境报告、公益报告、乡村振兴报告、"一带一路"报告等。

（二） 高管致辞（P2）

高管致辞是公司最高领导人（团队）对公司 ESG 工作的概括性阐释，高管致辞代表了公司最高领导人（团队）对 ESG 工作的态度与重视程度。

P2.1 ESG 工作的形势分析与战略考量

【指标解读】：描述公司对 ESG 与可持续发展的形势判断，开展 ESG 工作对经济、社会、环境发展的重要意义，以及公司 ESG 工作的战略、范式等。

示例：

Finally, I would like to highlight the important steps towards sustainability that we have taken in recent years. Environmental aspects, occupational safety, social integration and corporate ethics have played a fundamental role in ACS' culture, as we are aware of the responsibility we have towards the various stake- holders that form part of our community. This is the direction of the recently ap- proved new *2025 Sustainability Master Plan*, which pursues a clear objective：to promote the global sustainability of infrastructure as a leading company in the sec- tor. The specific details and objectives can be found in this Annual Report or on our website.

最后，我想特别强调，我们近年来已为实现可持续发展采取了多项重要举措。环境保护、职业安全、社会融合以及企业道德一直都是 ACS 集团文化的重要组成部分，因为我们早已认识到我们需要对所在社区的各种利益相关者负起责任。这也是最近批准的新版《2025 年可持续发展总体计划》的宗旨，该计划的总体目标非常明确：作为行业领导者，推动全球基础设施的可持续发展。可阅读本年度报告或登录本公司网站了解该计划的具体目标等详细信息。

In doing so, we want to give the sustainable development of our Group the importance it deserves, continue to align our interests with those of society and promote measures that allow us to be more efficient, be environmentally committed, strengthen our social function with greater safety, more diversity and better human resources, and continue to promote an ethically responsible business culture, without ignoring the objectives of profitability and value creation that you all demand. This is what we are going to dedicate ourselves to, with our greatest efforts and enthusiasm for this great project that is ACS.

为落实该计划，我们会更多地关注集团的可持续发展，继续保持集团利益与社会利益之间的一致性，积极采取各项措施提高运营效率、切实履行环保责任，通过提升职业安全水平、多元化水平以及人力资源管理质量来确保我们能够更好地履行自己的社会职能，按更高标准树立责任企业文化，同时遵照不同利益相关者的需要，更好地实现盈利能力提升及价值创造目标。这就是我们 ACS 集团决心拼尽全力、激情昂扬去实现的伟大事业。

——《Integrated Report of ACS Group 2021》（P13）

——《ACS 集团 2021 年综合报告》（P13）

P2.2 年度 ESG 进展

【指标解读】：描述公司本年度在环境、社会和治理领域取得了哪些关键绩效，以及存在哪些不足和改进。

示例：

一年来，我们践行创新发展，企业发展动力更加充足。坚持深入落实创新驱动发展战略，把科技创新摆在企业高质量发展的突出位置，建立健全体制机制，研发经费投入强度保持在 2% 以上，着力攻坚建筑领域关键核心技术，掌握了行业领先的工业化、绿色化、智能化建造技术；积极承担国家重大攻关任务，自主研发的工程建造软件底层图形平台技术软件（AECMate）实现市场化应用，与相关高校共建国家数字建造技术创新中心，企业首批创新平台建设取得阶段性成效。

一年来，我们践行协调发展，可持续发展基础持续巩固。深入落实区域重大战略，积极对接地方发展需求，大力参与交通基础设施建设，服务现代产业发展。助力社会民生改善，投资建设一大批城市更新、老旧小区改造、保障房项目，倾情为人民群众拓展幸福空间。聚焦主责主业，设立中建科创、中建数科，推动新业务产品化、产业化发展。坚持"优势互补、协同共进"的发展模式，推动子企业战略性协同联动，着力解决发展不平衡不充分问题。

一年来，我们践行绿色发展，促进人与自然和谐共生。制定碳达峰行动方案，实施碳达峰"个十百千万"工程，建设中国建筑碳排放监测与管理综合服务平台，在二级单位开展应用。积极打造低碳零碳示范项目，全球首个"光储直柔"建筑中建绿色产业园，被生态环境部列为低碳试点示范案例。加快发展装配式建筑，持续升级产品体系，在钢结构建筑、装配式混凝土建筑等方面形成明显优势。

一年来，我们践行共享发展，扎实履行央企社会责任。定点帮扶、对口支援甘肃康乐县、卓尼县、康县、福建长汀县，全年累计投入引进帮扶资金 1.6 亿元。招收 3 万多名应届毕业生，为 200 多万农民工提供就业机会，全力促进共同富裕。认真落实助企纾困工作部署，为服务业小微企业和个体工商户减免房租超过 7 亿元，与上下游 60 万家企业共同营造良好市场环境，共享可持续发展机会。

——《中国建筑 2022 可持续发展报告》（P16）

（三）责任聚焦（P3）

责任聚焦是对公司年度 ESG 绩效和亮点工作的突出呈现。

P3.1 年度 ESG 重大事件

【指标解读】：指公司在 ESG 战略、管理及实践方面的重要举措和显著成效，包括但不限于：

- 制定新的 ESG 战略；
- 完善 ESG 管理体系；
- ESG 实践领域的重点项目、重大进展等。

示例：

专题一：抗击新冠疫情行动有力

专题二：投身脱贫攻坚组织有力

专题三：服务国家战略决策有力

专题四：助推"一带一路"建设支撑有力

——《中国建筑 2020 可持续发展报告》（P22-P61）

（四）公司简介（P4）

P4.1 基本信息

【指标解读】：描述公司的基本信息，包括：

- 公司的法定名称；
- 公司所有权性质和法律形式；
- 公司成立日期；
- 公司总部所在地区；
- 公司组织架构。

示例：

中国建筑集团有限公司（简称中建集团），正式组建于 1982 年，是中央直接管理的国有重要骨干企业，是我国第一批"走出去"的企业之一，也是国务院国资委确定的创建世界一流示范企业之一，业务遍及全球 100 多个国家和地区，位居 2022 年《财富》世界 500 强第 9 位、"2022 中国企业 500 强"第 4 位，连续七年位居 ENR 全球承包商 250 强首位。

中建集团主要以上市企业中国建筑股份有限公司（股票简称：中国建筑，股票代码 601668.SH）为平台，开展经营管理活动。中国建筑是我国最具实力的投资商之一，主要投资方向为房地产开发、融投资建造、城镇综合建设等领域。公司强化内部资源整合与业务协同，打造"规划设计、投资开发、基础设施建设、房屋建筑工程""四位一体"的商业模式，为城市建设提供全领域、全过程、全要素的"一揽子"服务。

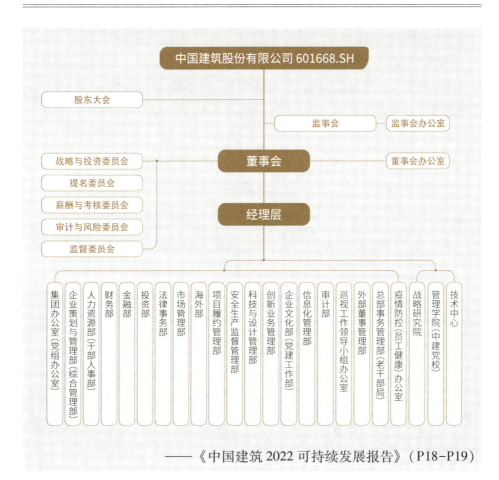

——《中国建筑 2022 可持续发展报告》（P18-P19）

P4.2 战略与文化

【指标解读】：描述公司的愿景、目标、使命或核心价值观。

示例：

企业使命：固基修道、履方致远

企业愿景：让世界更畅通、让城市更宜居、让生活更美好

企业精神：交融天下、建者无疆

企业目标：打造具有全球竞争力的科技型、管理型、质量型世界一流企业

价值导向：以业绩论英雄、英雄不问出处

——《中国交建环境、社会及管治报告 2021》（P16）

P4.3 业务概况

【指标解读】：通常情况下，公司对社会和环境的影响主要通过其向社会提供的产品和服务实现。因此，公司应在报告中披露其业务概况，以便于报告使用者全面理解公司的经济、社会和环境影响，包括：

- 公司所属行业；
- 公司运营地域，包括海内外的运营公司、附属及合营机构；
- 公司的活动、产品、服务、品牌和主要市场等。

示例：

本公司是一家为中国乃至全球能源电力、基础设施等行业提供整体解决方案、全产业链服务的综合性特大型集团公司，主营业务涵盖能源电力、水利水务、铁路公路、港口航道、市政工程、城市轨道、生态环保和房屋建筑等领域，具有集规划咨询、评估评审、勘察设计、工程建设及管理、运行维护和投资运营、技术服务、装备制造、建筑材料为一体的完整产业链。公司连续 8 年进入世界 500 强，在 ENR 全球工程设计公司 150 强、国际工程设计公司 225 强、全球承包商 250 强和国际承包商 250 强排名中位居前列，在 90 多个国家和地区设立了 200 多个境外分支机构，业务遍布世界 140 多个国家和地区。

——《中国能建 2021 社会责任报告》（P7）

P4.4 报告期内关于组织规模、结构、所有权或供应链的重大变化

【指标解读】：公司组织规模、结构、所有权或供应链的重大变化会对公司 ESG 工作带来较大影响，应在报告中进行披露。

示例：

On 30 December 2021, the ACS Group closed the sale of the Industrial business for a total value of EUR 5580 million （EUR 4980 million received in 2021 and EUR 600 million linked to the development of the renewables portfolio, at a rate of EUR 40 million per GW）.

2021 年 12 月 30 日，ACS 集团完成了工业业务的出售，交易总价值 55.8

亿欧元（已于 2021 年收到付款 49.8 亿欧元，余下 6 亿欧元的支付与可再生能源项目的开发挂钩，即按每 GW 容量 4000 万欧元支付）。

The agreement also includes the creation of a joint venture for the development of the renewables portfolio that ACS and Vinci will undertake in the coming years. In addition, the ACS Group has a portfolio of renewable energy and water assets, with a market value of more than EUR 1000 million. Therefore, the net value of the Group's industrial business in 2021 exceeded EUR 6600 million.

该协议还包括设立一家合营企业，负责开发 ACS 与 Vinci 在未来几年所承接的可再生能源项目。此外，ACS 集团手中的可再生能源及水资源开发项目市值已超过 10 亿欧元。因此，2021 年 ACS 集团工业业务的净值已超过 66 亿欧元。

——《Integrated Report of ACS Group 2021》（P39）

——《ACS 集团 2021 年综合报告》（P39）

二、治理责任（G 系列）

治理责任指公司合理分配股东、董事会、管理层权力，构建科学的治理体系，分为公司治理、董事会 ESG 治理、ESG 管理三个议题（见图 4-3）。

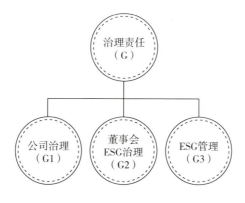

图 4-3　治理责任下设议题

（一）公司治理（G1）

G1.1 董事会构成、职能及人员组成

【指标解读】：描述公司董事会根据企业发展需要成立相关的专业委员会（包括 ESG 相关管理事务）；制定清晰明确的委员会职责文件，明确董事会各委员会对于公司事务、重大议题的管理范围、管理内容以及管理频率等具体事项，以保障实现管理和监督的有效性；披露专业委员会的成员构成情况。

G1.2 董事会构成多元

【指标解读】：描述董事构成和董事会成员背景等信息，可从性别、年龄、文化、教育背景、专业经验等维度呈现。

示例：

The results of the analysis of the competences of the board members are as follows：

董事会成员能力分析结果列出如下：

Matrix of Board Competences

	Executive Chairman	Vice-Chairman	Board Member1	Board Member2	Board Member3	Board Member4	Board Member5	Board Member6	Board Member7	Board Member8	Board Member9	Board Member10	Board Member11	Board Member12	Board Member13
EXPERIENCE															
Sectorial	●	●	●		●		●	●		●			●	●	●
International	●				●	●		●		●			●	●	●
Academic	●			●		●		●	●			●			
Public administration	●			●		●			●	●			●	●	
KNOWLEDGE															
Accounting and finance	●	●	●		●			●		●					●
Risks	●	●	●		●	●	●		●	●					●
Operations		●					●		●				●		
Legal and fiscal				●	●	●		●		●			●		●
Technology and digital transformation					●										●
Human resources	●	●					●		●	●	●				●

董事会能力矩阵															
	执行总裁	副总裁	董事会成员1	董事会成员2	董事会成员3	董事会成员4	董事会成员5	董事会成员6	董事会成员7	董事会成员8	董事会成员9	董事会成员10	董事会成员11	董事会成员12	董事会成员13
经验															
行业	●	●	●		●		●			●	●		●	●	●
国际	●						●						●	●	●
学术	●			●		●		●				●	●		
行政管理	●			●		●			●				●	●	
知识															
会计与金融	●	●	●												●
风险	●	●	●	●		●	●								
运营	●														●
法律与财务				●								●			
技术及数字化转型						●									
人力资源	●	●					●	●					●		

—— 《Integrated Report of ACS Group 2021》（P193）

—— 《ACS 集团 2021 年综合报告》（P193）

G1.3 董事会独立性

【指标解读】：董事会引入独立董事并提高独立董事占比能够增强董事会的独立性与客观性，降低董事会被少数股东或内部人员操控的风险，提高董事会在公司战略决策中的有效性。公司应客观描述报告期内独立董事的占比及履职情况。

示例：

董事会是公司的最高决策机构，对股东大会负责。董事会由 7 名董事组成，其中 3 名独立董事、1 名职工董事。

—— 《中国化学 2021 社会责任报告》（P28）

G1.4 薪酬制定程序

【指标解读】：描述公司公平公正且透明的公司高管及董事的薪酬政策制定程序；说明薪酬制定过程中利益相关方与第三方顾问机构的参与情况。

G1.5 守法合规体系

【指标解读】：描述公司严格遵守国家法律法规，坚持依法治企，建立的公司合规运营管理体系。

示例：

我们将强化合规提升到贯彻习近平法治思想的高度来认识，打造中建特色合规管理制度体系，实现合规管理与重点业务领域的有效融合，保障企业健康安全可持续发展，高质量完成"合规管理强化年"工作任务。

- 组织成立"合规管理强化年"工作领导小组，召开"合规管理强化年"启动会，专题研究"合规管理强化年"工作部署。
- 科学构建以《合规管理规定》为基础，以《法律合规审查管理办法》为着力点，以重点领域专项合规指引、清单为重要组成部分的合规管理制度体系，编制《合规风险库》，建立健全合规风险识别预警运行机制和违规信息在线监测系统。
- 优化涉外制度体系，制定境外合规管理专项方案，完成投资、项目管理、劳务、咨询服务、公共安全、保密、反腐败/贿赂等境外重点领域具体制度 15 个，提升境外重点领域防范和应对能力。

——《中国建筑 2022 可持续发展报告》（P62）

G1.6 守法合规培训绩效

【指标解读】：描述报告期内公司组织的守法合规培训活动，包括法律意识培训、行为合规培训等，需阐明参与人次、时长等关键绩效。

示例：

公司着眼于日常法治、风控与合规管理工作的需要，加强"八五"普法工作，深化公司总法律顾问制度和法律合规人才队伍建设，建立健全企业法律顾问和公司律师专业培训机制，多措并举开展各类法治、合规与风险管理培训，全年通过线上方式对全系统项目专兼职法律顾问、公司律师共 1324 人开展为期 4 天的脱产培训，对 2000 余名内控人员开展培训，组织 23 次海外合规培训，覆盖 32227 人次。

——《中国交建环境、社会及管治报告 2021》（P51）

G1.7 反不正当竞争

【指标解读】：不正当竞争行为是指经营者在生产经营活动中，违反

《中华人民共和国反不正当竞争法》规定，扰乱市场竞争秩序，损害其他经营者或者消费者的合法权益的行为。需描述报告期内公司遵守国家或地区有关反不正当竞争相关法律法规的情况，披露公司内部的反不正当竞争制度、政策。如公司涉及不正当竞争诉讼，应阐述诉讼案件的主要结果。

示例：

中铝国际遵守《中华人民共和国民法典》《中华人民共和国招标投标法》《中华人民共和国审计法》《中华人民共和国反不正当竞争法》等国家法律法规，制定了工程招投标实施细则及相关管理监督办法，规范公司及下属企业采购管理，明确采购原则及流程。实施阳光采购的同时，保障供应商、分包商公平参与竞争的权利。

——《中铝国际 2021 社会责任报告暨环境、社会和企业管治（ESG）报告》（P42）

G1.8 申诉与举报机制

【指标解读】：描述公司是否有明确的利益相关方申诉与举报机制，以保证各利益相关方能及时对任何的腐败、反商业道德、反劳工准则的相关事件予以报告，确保诉求得到及时有效的处理。

示例：

中国中冶安排专人负责受理信访举报，并将举报电话、举报邮箱、举报地址等举报途径公布在公司网站上。另外，公司规定信访举报受理人员需严格遵守工作纪律，保守工作秘密，不得泄漏举报人的相关信息，处理问题线索时，需隐藏举报人信息等。信访举报流程包括：信访事项登记、告知、受理、答复和办结、复查、复核几大步骤。中国中冶高度重视检控告人的信息保密，印发相关信息保密制度，对检举控告人的保密规定提出了严格的要求。

——《中国中冶 2021 社会责任报告暨 ESG（环境、社会与管治）报告》（P22）

G1.9 反商业贿赂及反腐败体系

【指标解读】：描述公司在反对商业贿赂、反腐败、推动廉洁从业方面制定的相关规章制度。

示例：

持续强化"不敢腐"的震慑，加强线索管理，对信访举报实行归口受理，始终保持惩治腐败高压态势。切实扎牢"不能腐"的笼子，构建系统完备、科学规范、运行有效的制度体系。开展"一带一路"项目廉洁风险专题调研，在第二届"一带一路"高峰论坛上，带头签署"廉洁之路北京倡议"。有效增强"不想腐"的自觉，通过警示教育大会、超英廉洁文化示范点等载体，多措并举推进廉洁文化建设落实落地。

——《中国建筑 2019 可持续发展报告》（P22）

G1.10 反贪腐培训绩效

【指标解读】：描述为董事、高管及员工提供的反贪腐培训的时长、场次等数据。

示例：

筛选 79 个典型案例在重要会议开展警示教育，全年开展警示教育 2.5 万场次。开展廉政谈话 10 万余人次。

——《中国建筑 2022 可持续发展报告》（P24）

G1.11 腐败事件及应对措施

【指标解读】：描述报告期内公司发生的腐败、商业贿赂事件，并具体披露原因、经过及整改举措。

示例：

中国电建始终保持惩治腐败高压态势，坚持严的主基调，严查快办反映"关键少数"的重要问题线索，巩固发展减存量遏增量成果。2021 年，中国电建纪委共谈话函询 50 件，初步核实 164 件，立案 17 件，党政纪处分 53 人，组织处理 305 人次。

——《中国电建 2021 环境、社会及管治报告》（P16）

G1.12 信息透明

【指标解读】：描述公司为建立良好的相关方关系，真实、准确、完整、及时地公开披露公司相关信息，保障股东等相关方的知情权。

示例：

　　我们认真履行强制性信息披露义务，秉承"真实、准确、完整、及时、公平"的原则，认真履行信息披露义务。制定《中国建筑股份有限公司自愿性信息披露管理办法》，构建"强制性与自愿性"的信息披露制度体系，不断规范公司自愿性信息披露管理流程，严格履行信息披露义务、持续提升信息披露质量。2022 年，共完成 143 份包括定期报告、临时公告在内的合规文件的编制和披露。全年实现零更正、零补充、零问询。获得上海证券交易所信息披露年度考核 A 类评价，2021 年英文版年度报告再次荣获"年报奥斯卡"国际 ARC 大奖。

——《中国建筑 2022 可持续发展报告》（P61）

G1.13 因违反信息披露规定而受到处罚的事件

【指标解读】：报告期内，如公司存在未根据《中华人民共和国公司法》将财务报表、公司报告等信息告知股东、未根据《上市公司信息披露管理办法》向股东报告信息等行为，且受到监管部门处罚，需在报告中进行披露。

（二）董事会 ESG 治理（G2）

G2.1 董事会 ESG 管理方针

【指标解读】：描述公司董事会对 ESG 工作的管理方针、策略及目标设定；需解释董事会设定 ESG 目标考量的因素并检讨目标实现情况。

示例：

　　董事会是本公司环境、社会及管治（ESG）工作最高决策机构，对本公司 ESG 工作承担最终责任。本公司董事会设立了社会责任工作委员会，由董事长担任主任，负责开展 ESG 重大事项的审议和决策工作，制定 ESG 相关工作方针、战略规划、年度工作计划、年度工作预算，评估、厘定本公司 ESG 相关风险及机遇并监督风险管理及监控体系，并定期检讨本公司 ESG 表现及目标达成进度，对 ESG 工作执行结果进行考核评价。

——《中国能建 2021 社会责任报告》（P9）

G2.2 董事会 ESG 工作领导机制

【指标解读】：包括在董事会层面设立 ESG 工作委员会，或董事会层面有明确组织负责 ESG 工作，抑或董事会成员担任 ESG 工作最高负责人。

示例：

中国电建借鉴全球企业 ESG 管理的通行标准和先进实践，同时充分考虑公司运营管理的现实基础，在实践中不断将 ESG 管理理念融入企业战略和运营管理体系，以责任治理推动实现可持续发展。

● 由董事会决策 ESG 管理架构并全程参与、监督 ESG 工作，定期对 ESG 开展情况进行审查。

● 成立由公司主要领导担任组长的工作领导小组，负责公司 ESG 工作的领导、决策和总体部署，由公司办公室品牌与社会责任处负责 ESG 相关工作的统筹、协调和日常管理，构建了各级深度参与、横向协同、纵向贯通的 ESG 管理组织体系。

——《中国电建 2021 环境、社会及管治报告》（P8）

G2.3 董事会对 ESG 风险与机遇的识别

【指标解读】：描述董事会对于公司 ESG 相关风险与机遇的识别流程。

示例：

中国中冶注重对重大风险和专项风险的过程监控，并制定了突出行业和业务特征的定量监控指标。在 2021 年识别出的九项重大风险中，安全环保风险排在首位。针对重大风险，公司逐一落实风险控制的主体责任，分析风险表现、深入研究风险原因及造成的影响，提前制定管控措施，并评估其重要性和紧迫性。2021 年，公司共梳理识别出 200 余项风险事件，其中包含环境保护、社会责任、公司治理方面。报告期内，未发生系统性、颠覆性风险事件。

——《中国中冶 2021 社会责任报告暨 ESG（环境、社会与管治）报告》（P21）

G2.4 董事会 ESG 目标审查

【指标解读】：描述公司董事会就 ESG 相关目标设定、定期审查公司 ESG 表现的行动。

示例：

本公司董事会长期重视企业的社会责任与可持续发展，对公司的 ESG 事宜负有全面监管责任。在董事会会议中，董事会成员就可持续发展战略、进展和表现等事宜听取相关汇报，进行审议和最终决策。报告期内，董事会就公司的 ESG 管理方针、重大性议题排序、ESG 风险及 ESG 报告披露等相关事宜进行了审议。同时，董事会也就 ESG 目标设定情况听取了相关汇报，审阅并批准了 2021 年度 ESG 相关目标设定，定期开展目标检讨，为持续提升中国中冶的 ESG 绩效和管理水平而不懈努力。

——《中国中冶 2021 社会责任报告暨 ESG（环境、社会与管治）报告》（P17）

G2.5 高管薪酬与 ESG 挂钩

【指标解读】：描述公司高管薪酬与 ESG 绩效挂钩的方式，以保障董事会可持续发展决策在公司运营中得到严格落实。

（三）ESG 管理（G3）

G3.1 ESG 工作责任部门

【指标解读】：描述公司 ESG 工作的归口管理部门，并阐述其工作职责。例如，制定 ESG 年度计划、督促落实 ESG 实践、统筹 ESG 信息披露等。

示例:

中国交建围绕国家"十四五"规划发展理念,准确把握新时期 ESG 工作面临的新形势、新任务和新要求,持续健全完善公司 ESG 管理,保障环境、社会及管治相关工作扎实推进。以公司发展战略为导向,不断拓展环境、社会及管治的内涵与外延,将 ESG 理念深度融入日常经营发展;由董事会负责 ESG 管治事项审议、决策与监督,并定期对 ESG 工作开展情况进行审查;持续完善公司社会责任管理办法,夯实 ESG 管理的制度基础;设立以公司主要领导任主任、分管领导任副主任、各部门负责人任委员的社会责任管理工作委员会,以各级深度参与、横向协调、纵向联动的社会责任管理组织体系保证 ESG 工作的可持续开展。

——《中国交建环境、社会及管治报告 2021》(P17)

G3.2 ESG 战略

【指标解读】:描述公司 ESG 工作的战略规划、总体目标、阶段性目标、重点任务等,为 ESG 重大决策及实践工作提供方向指引。

示例:

制定下发《社会责任理念、战略和行动计划》《社会责任管理体系建设方案》等战略指导文件和相关管理制度,在公司"十四五"规划中明确 ESG 规划目标,持续完善 ESG 管理的制度基础。

——《中国电建 2021 环境、社会及管治报告》(P8)

G3.3 ESG 工作制度

【指标解读】:描述公司就推动 ESG 工作所制定的专项制度、管理办法等。

示例:

本公司高度重视 ESG 管治工作。制定并实施《社会责任管理办法》,在社会责任工作委员会领导下,联合各部门社会责任联络员,就本公司营运及 ESG 绩效进行讨论,分析公司 ESG 实质性议题,并对实质性议题的相关绩效及影响进行评估。构建了"计划—执行—检查—行动"的 PDCA 社会责任管理长效机制。

——《中国能建 2021 社会责任报告》（P9）

G3.4 参与 ESG 研究或行业 ESG 标准制定

【指标解读】：在 ESG 蓬勃发展的背景下，公司应结合 ESG 理论与实践的需要主动参与 ESG 调研课题或国际国内 ESG 标准的制定，把握行业现状和公司自身情况，进而提升 ESG 工作水平。

示例：

2021 年，公司社会责任相关工作向董事会汇报 2 次；开展多层级社会责任培训，支持国务院国资委 2021 年社会责任/ESG 课题，全面提升 ESG 工作能力和水平。

——《中国交建环境、社会及管治报告 2021》（P17）

G3.5 ESG 重大议题识别

【指标解读】：描述公司对 ESG 重大议题的识别过程，并披露公司的核心 ESG 议题。ESG 重大议题的辨识方法包括但不限于国家政策分析、行业趋势分析、ESG 标准对标、高层领导访谈、利益相关方调查等。

示例：

为识别和提炼公司核心责任议题，我们召开社会责任工作研讨会，通过中国建筑融媒体平台、外部媒体等媒介与利益相关方进行广泛沟通，收集利益相关方对议题的意见和建议。在与利益相关方沟通的基础上，深入分析研究国家宏观政策、国内外建筑市场发展形势、行业可持续发展态势等信息，并通过公司管理会议了解公司领导层、管理层对不同社会责任议题的关注程度。依据国内外社会责任标准的相关要求，从"对中国建筑的影响"和"对利益相关方评估和决策的影响"两个维度对议题进行排序，选择实质性议题在报告中进行披露。

- 识别：国家宏观政策；公司发展战略与规划；利益相关方期望；国内外社会责任标准要求；行业社会责任标准要求。

- 排序：从战略重要性、业务重要度等方面分析对公司的影响；从社会趋势、重要程度等方面分析对利益相关方的影响。

- 审核：各业务线审核；审验公司审验；社会责任专家审核；公司高管审核。

- 确认：确认各个领域的关键议题；编写报告。

——《中国建筑 2022 可持续发展报告》（P7）

G3.6 利益相关方沟通活动

【指标解读】：描述公司开展的识别和回应利益相关方诉求的沟通活动，包括但不限于举办投资者说明会、利益相关方座谈会、公司开放日活动，以及电话或邮件沟通等。

示例：

我们围绕全球不同地区、不同文化背景的利益相关方信息需求，开展国内外权威社会责任标准研究，连续 13 年编发可持续发展报告，连续 10 年获评中国社科院社会责任报告最高评级，编发了 7 份重点国别社会责任报告，形成了"总部编发综合报告、子企业编发专项报告、海外机构编制国别报告、大项目编制项目报告"的"1+3"报告编发模式，有效增强企业运营透明度和社会沟通能力。推出责任专刊《信·建证》，展示中国建筑四十年来牢记初心使命、服务党和国家事业发展的责任担当。

我们完成"奋进新时代"主题成就展参展观展工作，200 余项涉及公司建设、设计、运营项目及装备研发内容亮相成就展。参加由中华全国总工会主办的首届大国工匠创新交流大会，充分展现中国建筑"弘扬工匠精神、彰显国匠担当、匠心报国筑梦"的责任信念。以"建证美好时代"展厅亮相十九届中国—东盟博览会，展示高端装备制造、基础设施建设、国际物流等领域创新发展成果。

——《中国建筑 2022 可持续发展报告》（P108-P110）

G3.7 ESG 信息披露渠道

【指标解读】：ESG 报告是公司披露 ESG 信息的主要载体，此外，公司还应披露其他 ESG 信息公开的渠道，包含官方网站、官方微信、年报及其他专项报告等。

示例：

公司通过现场及网络业绩推介会、电话会议、投资者集体接待日等形式与投资者保持良好互动交流，并积极参加社会责任（ESG）相关论坛，连年高质量编发社会责任（ESG）报告，在官网开设"社会责任""投资者关系"专栏，聚焦社会责任（ESG）领域积极发声，以高质量的信息披露传递公司价值，展现良好的市场形象。

——《中国电建 2021 环境、社会及管治报告》（P9）

G3.8 ESG 考核体系

【指标解读】：描述公司 ESG 工作的考评体系和奖惩办法，并需阐述报告期内考核的流程及结果。ESG 考核方式包括制定考核指标体系、开展优秀案例评选或借用外部专业机构对公司的 ESG 评级结果等。

示例：

我们成立"中国建筑品牌建设和社会责任工作领导小组"，将 ESG 作为领导小组重要的工作职责之一，召开中建集团党组（党委）理论学习中心组 ESG 专题联学会，组织全系统领导人员开展 ESG 学习培训。参与编制《中国企业社会责任报告指南之建筑业（CASS－ESG 5.0）》，探索构建《中国建筑 ESG 评估指标体系》，致力成为 ESG 治理的模范。

——《中国建筑 2022 可持续发展报告》（P108）

G3.9 ESG 培训

【指标解读】：描述报告期内公司组织的 ESG 培训活动以及所参与的第三方 ESG 培训活动。

示例：

定期组织全系统社会责任及 ESG 业务人员参加培训，加强自身 ESG 能力建设，不断提升 ESG 管理能力和工作水平。

——《中国电建 2021 环境、社会及管治报告》（P8）

G3. 10 ESG 培训绩效

【指标解读】：描述报告期内公司 ESG 专项培训的次数、时长、参训人数等。

G3. 11 ESG 荣誉

【指标解读】：描述报告期内监管部门、行业协会、媒体、中介机构等授予公司的 ESG 专项荣誉。

示例：

- 连续十年荣获中国上市公司董事会金圆桌"最佳董事会"奖
- 首次入选国务院国资委指导的"央企 ESG·先锋 50 指数"

——《中国建筑 2021 可持续发展报告》（P03）

三、环境风险管理（E 系列）

环境风险管理主要描述公司在满足法律法规要求的基础上，降低对环境的负面影响，主动投身生态文明建设，主要包括环境管理、资源利用、排放、守护生态安全、应对气候变化五个议题（见图 4-4）。

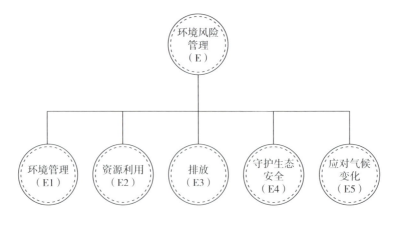

图 4-4　环境风险管理下设议题

（一）环境管理（E1）

环境管理是指公司遵循环境相关法律法规要求，通过系统规划，运用经济、法律、技术、教育等多种手段管理生产经营的环境影响。包括建立环境管理体系、设立环境管理目标、开展环境评估、通过环境管理体系认证、进行环保宣传教育、减少环境负面事件等方面。

E1.1 环境管理体系

【指标解读】：包括公司环境管理组织体系、制度体系、应急机制等，以确保公司遵守环境法律法规，管理和改善环境绩效。

示例：

　　我们加强对生态环保工作的组织领导和总体设计。生态环境保护工作领导小组统筹推进生态环保工作，推动各级子企业成立环境管理领导机构，配备专兼职管理人员，做到环保管理"有领导、有机构、有人员"；制定《生态环境保护管理规定》，持续完善"横向到边、纵向到底"的环境管理制度体系。我们制定突发事件应急工作方案，定期开展风险隐患排查治理活动和专项督导检查，持续提升环境风险防范及应急处置工作水平。

　　　　　　　　　　——《中国建筑 2020 可持续发展报告》（P81）

E1.2 环境管理目标

【指标解读】：描述公司在能源消耗、水资源使用、原材料消耗、包装材料使用，以及废水、废气和废弃物排放等方面制定的量化目标。

示例：

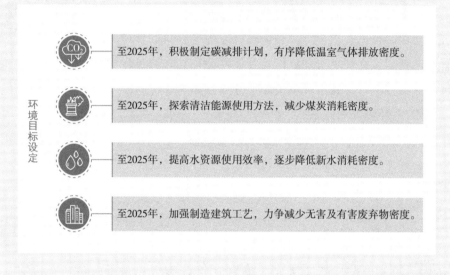

环境目标设定

至2025年，积极制定碳减排计划，有序降低温室气体排放密度。

至2025年，探索清洁能源使用方法，减少煤炭消耗密度。

至2025年，提高水资源使用效率，逐步降低新水消耗密度。

至2025年，加强制造建筑工艺，力争减少无害及有害废弃物密度。

——《中国中冶 2021 社会责任报告暨 ESG（环境、社会与管治）报告》（P81）

E1.3 环保投入

【指标解读】：描述公司年度投入生态环境保护的资金总额。

示例：

环保总投入 6.8 亿元。

——《中国建筑 2022 可持续发展报告》（P80）

E1.4 环保预警及应急机制

【指标解读】：描述公司识别、监测和评估潜在的环境风险或紧急情况，采取措施预防和减少可能的环境影响，针对各种环境事故制定并演练应急预案。

示例：

公司制定突发事件应急工作方案，明确突发事件应急管理机构，细化风险防范与应急处置工作流程。各项目在开工前结合实际情况开展环境因素识别，制定专项防范防护措施。定期开展风险隐患排查治理工作，持续提升环境风险防范及应急处置工作水平。2019 年，组织环保应急演练 236次，覆盖 15600 人次。

——《中国建筑 2019 可持续发展报告》（P70）

E1.5 新建项目环境影响评估政策

【指标解读】：描述公司在规划和建设项目的全流程中，对可能造成的环境影响进行分析、预测和评估，采取预防或者降低负面环境影响的具体措施。

示例：

本公司统筹项目投资、建设、运营的全过程、全要素管理。编制并实施项目环境保护方案，细化分解环境保护责任，对项目运营进行精细化环保管理，项目建设保证落实环评措施，最大限度减少项目对自然环境造成的影响，并主动采取生态修复和生物多样性保护措施，尽力减少和补偿对环境的损害。

——《中国能建 2021 社会责任报告》（P20）

E1.6 绿色设计

【指标解读】：描述公司在设计阶段就将环境因素和预防污染的措施纳入工程建设的方案考量中，将环境性能作为工程的设计目标和出发点，遵守建筑节能标准，力求使工程建设对环境的影响降为最小。

示例：

不断强化源头治理，实施全过程管控，在前期咨询、勘察、设计、工程总承包服务等环节，在化工、热电、环保等工程项目中选择成熟可靠的工艺线路，充分考虑原料和能量的消耗指标以及资源再生循环利用，在吸收国外先进技术和总结国内外同类型装置实践经验的基础上，采取余热回收、废水综合利用等多种节能措施，建设绿色工厂，对环境污染风险进行有效控制。

——《中国化学 2021 社会责任报告》（P54）

E1.7 绿色采购

【指标解读】：描述企业购买和使用环保原材料的制度或措施。

示例：

中国交建在实践中坚持将 ESG 理念融入采购管理全过程，严格遵守招投标法有关规定，制定一系列管理原则、方法及规范，推进建设高质量供应链，规避因供应商管理不当而引发环境、社会与管治风险。同时，公司积极践行绿色采购，将环境指标作为重点纳入供应商选择指标体系，优先选择绿色供应商，采购达标绿色材料，与供应商携手共建绿色、低碳、可持续的产业链。

——《中国交建环境、社会及管治报告 2021》（P70-P71）

E1.8 绿色施工技术的研发与应用

【指标解读】：绿色施工是指工程建设中，在保证质量、安全等基本要求的前提下，最大限度地节约资源，减少对环境的负面影响，实现节能、节材、节水、节地和环境保护，即"四节一环保"。

示例：

我们紧紧围绕"四节一环保"理念，坚持科学管理，不断建立健全绿色施工管理制度，推进生态优先、节约集约，建设资源节约型、环境友好型企业。中建五局研发团队针对难利用的地铁盾构渣土进行技术攻关，成功研发出可将废弃渣土"变"成绿色建材的新产品——"中建造石机"。"中建造石机"能够将高含水率、高含泥率、高粘性渣土，制备成各种绿色建材产品，实现盾构渣土的低成本与高附加值利用。该技术被认定为国际领先技术，并获授权发明专利 19 项。

——《中国建筑 2022 可持续发展报告》（P83）

E1.9 通过环境管理体系认证

【指标解读】：描述公司通过国内外环境管理体系认证的情况，包括通过 ISO 14000、GB/T 24001—2016 认证等。

示例：

中国中冶搭建了完善的环境管理制度体系，严格遵守《中华人民共和国土壤污染防治法》《中华人民共和国固体废物污染环境防治法》《中华人民共和国水污染防治法》《中华人民共和国大气污染防治法》等相关法律法规，并通过 ISO 14001 环境管理体系认证。

——《中国中冶 2021 社会责任报告暨 ESG(环境、社会与管治)报告》(P81)

E1.10 环保培训和宣教

【指标解读】：描述公司对董事、高管、员工或利益相关方开展的环境保护培训或宣传活动，可进一步介绍活动具体情况、资金投入、覆盖人数、次数及时长等内容。

示例：

我们持续做好环保培训交流，邀请内外部专家授课，组织生态环保主题"书香中建"大讲堂活动，开展全系统生态环保专项业务培训，依托标杆项目进行对标观摩与经验交流，致力于提升员工的环保管理意识和能力。2022 年，组织环保培训超过 1800 场，培训覆盖超过 61000 人次；开展各类环保宣传活动超过 3800 场。

——《中国建筑 2022 可持续发展报告》(P81)

E1.11 环保违法违规事件与处罚

【指标解读】：描述公司报告期内环保违法违规的情况。如存在处罚事件，需说明处罚原因、结果及整改措施。

示例：

报告期内，本公司下属子企业因噪声、扬尘和污水等环境问题受到行政处罚 29 起，累计处罚金额 197.5 万元。目前所有处罚事项均已完成整改。

——《中国中冶 2021 社会责任报告暨 ESG（环境、社会与管治）报告》(P81)

（二）资源利用（E2）

资源利用是指公司日常办公、生产经营中使用的各类物质和能量，主要包括能源、水资源、物料等方面。

E2.1 能源管理体系

【指标解读】：描述公司为提升能源利用率而建立的组织体系、管理制度、目标设定等。

示例：

2021年，公司订立了万元营业收入综合能耗在2020年的基础上下降3.2%的目标。期间，公司强化落实节能减排责任制，扎实推进节能增效工作，根据国资委对中央企业能源节约与生态环境保护工作的最新要求，从调整管理组织架构、升级监测体系、下达考核奖惩指标、开展技术研发等方面推动相关工作，制定并落实《生态环境保护与能源节约监督管理规定》。

2021年，公司万元营业收入综合能耗（可比价）0.0441吨标准煤/万元，比去年同期下降4.3%，二氧化碳排放0.1563吨/万元，比去年同期下降13.6%，完成年度节能环保既定工作目标。

——《中国中铁2021环境、社会与管治报告暨社会责任报告》（P34）

E2.2 能源审计

【指标解读】：描述公司进行用能监督、审计公司贯彻执行能源方针政策的实践，评价、核实企业能源管理各种信息的可靠性、合理性和合法性。

示例：

按照国务院国资委新版《中央企业能源节约与生态环境保护统计报表》统计口径、指标要求和国资委下达的节能指标，层层分解落实，严格执行生态环保统计"逐级上报、不得遗漏"的原则，督促子企业及时、准确报送生态环保统计数据，客观评价能源利用水平和污染治理成效，不断推进能源节约与生态环境保护工作。

——《中国化学2021社会责任报告》（P53）

E2.3 能源消耗量

【指标解读】：能源消耗量包括直接能源消耗量和间接能源消耗量，计量单位可以采用千瓦时，或将所有能源折合为标准煤加总计算。

直接能源消耗量主要指煤、油、气等不可再生燃料的消耗量，间接能源消耗量主要指外购电力、外购天然气等所消耗的资源量。按类型划分的能源消耗量具体包括：

- 不可再生燃料（直接利用），如石油或原油的提取物（汽油、柴油燃料、喷气燃料及加热油等）；天然气（压缩天然气及液态天然气等）；从天然气及石油提炼的燃料（丁烷、丙烷及液化石油气等）；煤。

- 可再生能源（直接利用），包括地热、风力、太阳能、水力及生物质等产生的能源。

- 购买能源（间接利用），形式为电力、暖气、冷气及蒸汽。

示例：

指标名称	单位	2021 年
电力消耗量	万千瓦时	442241
汽油消耗量	吨	58570
柴油消耗量	吨	937859
天然气消耗量	万立方米	557
燃料油消耗量	吨	62
外购热力消耗量	百万千焦	0
其他能源消耗量	吨标准煤	166269
综合能源消耗量	吨标准煤	2170014

——《中国能建 2021 社会责任报告》（P19）

E2.4 能源消耗强度

【指标解读】：计算公式为：能源消耗强度＝能源消耗总量/公司特定指标。特定指标包括年度生产产值、营业收入、销售收入、产品单位、产量（如吨、升或兆瓦时）、大小（如占地平方米）、雇员（如员工人数）及货币单位（如收入或销量）。其中，万元产值是使用较多的特定单位。

示例：

指标名称	单位	2021 年
单位营收综合能源消耗量	吨标准煤/万元	0.070

——《中国能建 2021 社会责任报告》（P19）

E2.5 清洁能源使用政策

【指标解读】：描述公司利用清洁能源的支持政策。清洁能源是指不排放污染物，能够直接用于生产生活的能源，主要包括核能和"可再生能源"。可再生能源是指原材料可以再生的能源，如水力发电、风力发电、太阳能、生物能（沼气）、地热能、海潮能等。

示例：

我们强化运营过程中的节能减排管控，大力推广应用太阳能、风能、生物质能等可再生能源，加强节能技术研发，带动节能设备材料的应用，减少建设运营过程中带来的资源能源消耗和碳排放。

——《中国建筑 2019 可持续发展报告》（P72）

E2.6 清洁能源使用量

【指标解读】：描述公司在报告期内使用清洁能源的总量。

示例：

本集团亦倡导使用可再生能源，于本报告期内使用约 404716 兆瓦时可再生能源。

——《中国建材 2021 年环境、社会及管治（ESG）报告》（P46）

E2.7 水资源使用政策

【指标解读】：描述公司制定的水资源使用政策与水资源管理制度。

示例：

制定生产生活用水计量考核制度；设立循环用水装置，推广节水系统和节水器具；建立雨水、基坑降水再利用的收集处理系统，实现非传统水源再利用。

——《中国建筑 2019 可持续发展报告》（P46）

E2.8 新鲜水用水量

【指标解读】：描述报告期内公司从各种水源中提取的被第一次利用的水量之和，包括地表水、地下水（不包括海水、苦咸水和污水等），以及第三方供水（如自来水、蒸汽、化学水等），不包括公司外供的水和水产品（如自来水、蒸汽、化学水等）而取用的水量。

示例：

根据国务院国资委印发的《中央企业能源节约与生态环境保护统计报表》，公司不断完善统计监测体系，规范用耗水量统计核算口径，加强水资源循环使用。2021 年，公司订立了单位用新水量在 2020 年的基础上下降 15%的目标，实际用新水量 46095 万吨，较去年同期增长 3%，单位用新水量 4.5366 吨/万元，较去年同期下降 15.6%。

——《中国中铁 2021 环境、社会与管治报告暨社会责任报告》（P35）

E2.9 耗水强度

【指标解读】：描述公司年度耗水强度。计算公式为：耗水强度＝耗水总量/公司特定指标。特定指标包括年度生产产值、营业收入、销售收入、产品单位、产量（如吨、升或兆瓦时）、大小（如占地平方米）、雇员（如员工人数）及货币单位（如收入或销量）。目前，多数公司习惯以单位工业增加值来计算耗水强度，计算公式为：单位工业增加值新鲜水耗＝工业用新鲜水量/工业增加值。

示例：

能源/资源类型	指标	2021 年数据	同比增减
水	消耗新水总量 （万立方米/万元收入）	4.54	−15.6%

——《中国中铁 2021 环境、社会与管治报告暨社会责任报告》（P36）

E2.10 节水量

【指标解读】：描述公司较上个报告期节约用水的总量。

E2.11 循环用水量

【指标解读】：描述公司本年度循环利用的水资源总量。

E2.12 节约土地资源

【指标解读】：描述公司在投资建设过程中节约土地使用的制度和措施。

示例：

中材国际在生产运营过程中，始终坚持"善用资源、服务建设"的资源方案择选原则，持续推动工程建设项目"绿色施工"常态化，加大清洁能源使用力度，优选、推广低能耗、无污染、高效率的工艺、设备和产品；设计"预组装、模块化"技术路线，将生产工艺线中分散设备，通过技术升级将设备置于模块箱体内，与模块箱式结构一体化设计，可迅速高效开展项目现场建设，有效减少土地资源占用。

——《中材国际2021环境、社会及管治报告》（P46）

E2.13 建筑材料高效使用政策

【指标解读】：描述公司提高建筑材料利用率的举措和成效，如采用高效建造工艺、拆建物料循环使用等。

示例：

我们致力于节约能源使用、降低资源消耗，为环境减轻负担。加大清洁能源使用力度；在项目建设过程中探索使用绿色、环保、可循环利用的新型建筑材料逐步替代传统建筑材料；用虚拟样板间逐步取代传统的现场实际样板间，减少建筑材料的使用；实行项目规范化、集约化管理，通过统一调配，减少生产过程中的材料浪费，提高水电的使用效率；将已完成的模块进行叠放，减少土地占用面积，2020年单位空间使用效率提升近三分之一。

——《中国建筑2020服务新加坡可持续发展报告》（P41）

E2.14 绿色办公措施

【指标解读】：描述公司绿色办公政策或措施，包括但不限于：夏季空调温度不低于 26℃；办公区采用节能灯具照明，人走灯灭；办公区生活用水回收再利用；推广无纸化办公，纸张双面使用；办公垃圾科学分类；推行视频会议减少员工出行等。

示例：

公司倡导简约适度、绿色低碳的生活方式，厉行节约用水、用电，积极开展节能提升，倡导推动"无纸化"办公，公司内部通过建设"无纸化"会议系统、采用喷墨打印机等措施减少氮氧化物和二氧化硫的排放；有针对性开展"绿色出行""健步走"等节能减排体验活动，引导员工在日常工作、生活中养成良好的节能低碳生活习惯，不断提升节能环保和绿色办公、生活的思想自觉和行动自觉。

——《中国交建环境、社会及管治报告 2021》（P82）

E2.15 绿色办公绩效

【指标解读】：描述公司绿色办公的相关绩效，包括但不限于：办公用电量、办公用水量、办公用纸量、办公垃圾处理量等。

示例：

我们统筹推进"厉行节约 勤俭办企"专项行动，坚持把精力资源花在创造价值、投入产出更大的事情上，减少低效无效劳动和投入，压降非必要性、非有效性费用支出。推动员工养成节约用水用电的良好习惯，杜绝"长明灯、长流水"。倡导无纸化办公，优先使用电子资料，自觉压降耗材消耗。2022 年，公司百元收入管理费 1.65 元，同比下降 9.6%。

——《中国建筑 2022 可持续发展报告》（P81）

（三）排放（E3）

E3.1 废水减排政策

【指标解读】：描述公司减少废水排放的政策和管理制度。

示例：

设置完整、独立的雨水、污水、冲洗水排放系统；设立建筑中水设施、雨水回用等循环水系统；科学设置四级沉淀池，定期清洗沉淀池内的淤积物。

——《中国建筑 2022 可持续发展报告》（P82）

E3.2 废水排放量

【指标解读】：描述公司生产经营、办公活动所产生的废水总量。公司应以重量、倍数等表示其工业废水量、化学需氧量（COD）、氨氮（NH_3-N）、总磷（以 P 计）、总氮（以 N 计）等废水及主要废水污染物排放情况，并说明所使用排放因子的来源、标准、方法、假设及计算工具。水污染物具体类别可参见《水污染物名称代码》（HJ525—2009）。

示例：

指标名称	单位	2021 年
化学需氧量（COD）	吨	6966
氨氮排放总量	吨	1061

——《中国能建 2021 社会责任报告》（P18）

E3.3 废气减排政策

【指标解读】：描述公司为减少生产经营产生废气总量的政策和管理制度。

示例：

中国电建按照《中华人民共和国大气污染防治法》等有关废气排放法律法规，严格落实大气污染防治，并委托有资质的第三方监测机构定期进行环境监测，各项目配备便携式环境监测仪器对施工现场进行定期和不定期检测，安装在线环境监测仪器进行实时环境监测，并通过设置物理防护等措施，减少污染物对大气的影响。

——《中国电建 2021 环境、社会及管治报告》（P33）

E3.4 废气排放量

【指标解读】：描述公司报告期内的废气排放量。公司应以重量、倍数等表示其氮氧化物（NO_x）、硫化物（SO_x）、持久性有机污染物（POP）、挥发性有机化合物（VOC）、危害性空气污染物（HAP）、颗粒物（PM）等气体排放情况，并说明所使用排放因子的来源、标准、方法、假设及计算工具。废气类别可参见《大气污染物名称代码》（HJ524—2009）。

示例：

指标	2021 年数据	同比增减
氮氧化物排放量（吨）	2.94	−41.31
挥发性有机物排放量（吨）	1.254	−37.3
二氧化硫（吨）	0	0

——《中国中铁 2021 环境、社会与管治报告暨社会责任报告》（P33）

E3.5 废弃物排放管理政策

【指标解读】：描述公司为减少废弃物排放所制定的政策、制度。如公司有危险废弃物，需披露对危险废弃物的特定排放要求与处理措施。危险废弃物指具有毒性、腐蚀性、易燃性、反应性或者感染性一种或者几种危险特性的废物；不排除具有危险特性，可能对生态环境或者人体健康造成有害影响，需要按照危险废物进行管理的其他废物。危险废弃物类别和行业来源可参考《国家危险废物名录（2021 年版）》。

示例：

公司严格遵守《中华人民共和国固体废物环境污染防治法》以及有关法律法规要求，高度重视发展循环经济，探索创新可持续再利用方案，鼓励固体废弃物资源化利用，实现资源节约型、环境友好型、技术创新型企业的转型。公司按照"源头减量、分类管理、就地处置、排放控制"的原则对生产、生活过程中产生的各类无害废弃物进行规范化处理，降低对环境的影响；积极响应国家、地方"垃圾分类"号召，全面推广"垃圾分类"工作，对生活垃圾实施分类存放，委托有资质的单位接收施工船舶生活垃圾，避免污染海域；对建筑垃圾集中分类存放，实施无害化处置或资源化利用；鼓励金属类垃圾作为施工材料或工具就地处置，完善危险废物类别清单及标识牌，委托有资质单位进行危废处置。此外，对钢材、水泥等废旧建筑材料废弃物进行再生综合利用，加强对粉煤灰、煤矸石、矿渣、废旧轮胎等工业废料和疏浚土、建筑垃圾、污水雨水的无害化处理和综合利用力度，实现废弃物的资源化、减量化和无害化。

——《中国交建环境、社会及管治报告2021》（P77）

E3.6 一般废弃物排放量

【指标解读】：描述公司生产办公排放的一般废弃物总量。一般废弃物是指在生产、生活和其他活动中产生的丧失原有利用价值或者虽未丧失利用价值但被抛弃或者放弃的固态、半固态和置于容器中的气态的物品、物质，以及法律、行政法规规定纳入固体废物管理的物品、物质，但未被列入《国家危险废物名录》。一般废弃物分类可参考《一般固体废物分类与代码》（GB/T39198-2020）。

示例：

关键指标	2021年排放量	单位
无害废弃物排放总量	24796169	吨

——《中国中冶2021社会责任报告暨ESG（环境、社会与管治）报告》（P106）

E3.7 一般废弃物排放强度

【指标解读】：计算公式为：一般废弃物排放强度=废弃物总量/公司特定指标。特定指标包括年度生产产值、营业收入、销售收入、产品单位、产量（如吨、升或兆瓦时）、大小（如占地平方米）、雇员（如员工人数）及货币单位（如收入或销量）。

示例：

关键指标	2021 年排放量	单位
无害废弃物排放密度	0.4954	吨/万元收入

——《中国中冶 2021 社会责任报告暨 ESG（环境、社会与管治）
报告》（P106）

E3.8 危险废弃物排放量

【指标解读】：描述公司排放的危险废弃物总量，或按类别披露各类危险废弃物排放量。

示例：

指标	2021 年数据	同比增减
有害废弃物总量（吨）	580	−1.5%

——《中国中铁 2021 环境、社会与管治报告暨社会责任报告》（P33）

E3.9 危险废弃物排放强度

【指标解读】：计算公式为：危险废弃物排放强度＝危险废弃物总量/公司特定指标。特定指标包括年度生产产值、营业收入、销售收入、产品单位、产量（如吨、升或兆瓦时）、大小（如占地平方米）、雇员（如员工人数）及货币单位（如收入或销量）。

示例：

指标	2021 年数据	同比增减
万元单位有害废弃物排放量（公斤/万元）	0.0057	−6.5%

——《中国中铁 2021 环境、社会与管治报告暨社会责任报告》（P33）

E3.10 废弃物回收利用绩效

【指标解读】：描述报告期内公司回收利用废弃物的数量或比例。

示例：

业务板块	关键指标	2021 年回收再用量	单位	2021 年回收再用率
工程服务	废混凝土	964352	吨	42.45%
	废钢材	165819	吨	45.70%
	废竹木	180924	吨	59.39%
装备制造	边角余料	32329	吨	81.60%
其他工业	垃圾焚烧底渣	177283	吨	100%

——《中国中冶 2021 社会责任报告暨 ESG（环境、社会与管治）报告》（P106）

（四）守护生态安全（E4）

E4.1 业务经营对生物多样性及生态的影响

【指标解读】：描述报告期内公司对生物多样性及生态环境有重大直接/间接影响的事件。包括但不限于：引进入侵物种、害虫和病原体，物种减少，生产经营促使生物栖息地转变，自然变化范围之外的生态过程变化（如盐度或地下水位变化）等。

示例：

公司作为建筑类企业，业务活动不会对环境和天然资源产生重大影响，并高度重视对环境及天然资源的保护。在施工前期，公司组织专业机构开展环境影响评价，依据评估结果制定切实有效的保护方案，开展水土保持、生物多样性保护、植被保护等措施，做到生态环境保护与工程建设同步规划与同步实施。在施工过程中，公司注重生态保护的持续投入，使用环保设备，改进施工工艺和优化施工方案，减少对水、大气、植被和生物的影响。公司能源节约与生态环境保护信息系统定期采集生态环境监测数据，提升生态环保信息直观性和真实性。2021 年，公司已竣工项目环评通过率达 100%。

——《中国中铁 2021 环境、社会与管治报告暨社会责任报告》（P37）

E4.2 生物多样性保护行动

【指标解读】：描述公司为保护所在地生物体多样性所采取的行动。《生物多样性公约》明确提出"生物多样性"是指所有来源于陆地、海洋和其他水生生态系统中，活的生物体的多样性，包括物种内、物种之间和生态系统的多样性。

示例：

公司积极响应保护生物多样性、共建生命共同体的倡议，主动参与项目当地的生物多样性保护。在南亚，斯里兰卡科伦坡港口城项目发起美丽海滩计划；在欧洲，黑山南北高速项目同步启动塔拉河治理工程，并定期对塔拉河生物多样性进行专门监测；在非洲，蒙内铁路项目与肯尼亚专业动物组织合作，专门设置 14 处大型动物通道、600 处涵洞和 61 处桥梁供动物穿行。加纳特马港项目在海滩开辟专门区域打造海龟孕育中心。公司将企业生产活动和自然生态环境相结合，勾勒出人与自然和谐相处的美好画卷。

——《中国交建环境、社会及管治报告 2021》（P83）

E4.3 生态修复治理

【指标解读】：描述公司为促进所在地生态系统平衡发展所采取的行动。公司应考虑通过生态恢复以降低对自然环境带来的负面影响，生态恢复是指对生态系统停止人为干扰，以减轻负荷压力，依靠生态系统的自我调节能力与自我组织能力使其向有序的方向进行演化，或者利用生态系统的自我恢复能力，辅以人工措施，使遭到破坏的生态系统逐步恢复或使生态系统向良性循环方向发展。

示例：

内蒙古乌梁素海流域山水林田湖草生态修复工程是全国最大山水林田湖草生态修复试点工程，沙漠治理面积位居全国同类工程之首，得到习近平总书记的关注。中建一局采用"4233"施工模式开展生态修复，完工后每年可减少 100 万立方米黄沙流入黄河，推动流域内 3.7 万贫困人口脱贫致富，对可持续发展和生态文明建设具有重大意义。中建一局采用稻草或麦秸铺设草方格，辅以可降解聚酸乳（PLA）沙障进行压沙固沙，推出草方格沙障铺设机，施工效率提升两倍以上利用无人机在乌梁素海项目飞播造林工程面积 1 万余亩，为沙漠治理提供有益经验。

——《中国建筑 2020 可持续发展报告》（P82）

E4.4 避免或减少土壤污染的政策

【指标解读】：描述公司在施工过程中对土壤采取保护措施，尽可能使用无毒无害材料以避免或减少对土壤的污染。

示例：

及时对裸土覆盖砂石或种植速生草种，减少土壤侵蚀；采取设置地表排水系统、稳定斜坡、植被覆盖等措施，减少土壤流失；单独设置有毒有害危险品库房并作防水处理，防止土壤污染。

——《中国建筑 2021 可持续发展报告》（P73）

E4.5 土地复垦制度

【指标解读】：描述公司对建筑施工过程中因挖损、塌陷、压占等原因造成破坏的土地采取整治措施，使其恢复到可供利用的状态。

示例：

在土地利用方面，公司认真贯彻《中华人民共和国土壤污染防治法》，在工程项目施工初期就将生态恢复纳入项目管理，做好科学选址、规范弃碴、事先防护、积极消纳。每一个工点施工完后，确保用合适的土料覆盖地表，清理便道两侧施工弃物，恢复地面天然状态。对于施工过程中涉及的临时用地，公司严格编制、实施用地及复垦规划，注意对居民稠密区、自然保护区等环境敏感区域的保护，并在工程竣工后按照规定对土地进行恢复，最大限度保护生态环境。

——《中国中铁 2021 环境、社会与管治报告暨社会责任报告》（P37）

（五）应对气候变化（E5）

E5.1 应对气候相关风险和机遇的治理机制

【指标解读】：公司需披露其在报告期内为应对气候变化对生产经营带

来的风险和机遇建立的专项治理机制。具体包括两个层面：一是董事会对气候相关风险和机会的监督。如董事会/董事会委员会在审查和指导战略、重大行动计划、风险管理政策、年度预算和业务计划，制定组织的业绩目标、监督执行情况，以及监督主要资本支出、收购和资产剥离时，是否考虑与气候有关的问题；董事会如何监督解决气候相关问题的目标和工作进展。二是管理层在评估和管理与气候相关的风险和机会方面的作用。

示例：

中国铁建成立以公司两位主管领导为组长的"碳达峰、碳中和"工作领导小组，指导"双碳"工作，及时进行检查、督导和考核，不断增强绿色运营能力；领导小组下设办公室，办公室设在运营管理部。公司准确识别"碳达峰、碳中和"总体部署带来的巨大发展空间，深耕厚植"绿色环保"产业板块，贡献"双碳"目标。

——《中国铁建 2021 年社会责任报告》（P29）

E5.2 气候相关风险和机遇对经营的影响

【指标解读】：描述短、中、长期气候变化风险对公司战略布局、业务发展、财务绩效等所产生的潜在及实际影响。

示例：

中国建筑贯彻落实国家碳达峰、碳中和部署要求，从全局高度、长远角度做好"双碳"工作，培育壮大绿色低碳新兴产业，围绕做强做优做大绿色低碳专业细分领域补链、强链、拓链，努力成为建筑业"双碳"领域集规划、设计、建造、产品于一体的最优综合服务商，在国家"城乡建设碳达峰行动"中发挥重要引领和推动作用。2021 年，公司旗下中海集团 2021 年总计改造空调智能控制 5807 台，累计改造 11156 台，项目覆盖率达到 91%以上，每年可节省用电 903.6 万度，每年减少碳排放约 9000 吨二氧化碳。

——《中国建筑 2021 可持续发展报告》（P71）

E5.3 气候相关风险管理

【指标解读】：描述公司如何识别、评估及管理气候相关风险。包括但不限于：公司识别和评估气候相关风险的流程，公司管理气候相关风险的制度、流程等。

示例：

中材国际将应对气候变化作为重要议题融入公司发展战略，按照公司《全面风险管理制度》，参照气候相关财务信息披露工作组（TCFD）建议的框架，从实体风险和转型风险的角度入手，识别涉及气候变化相关的风险类型，评估气候风险对公司经营的影响可能及程度，风险识别和评估的结果将作为公司战略制定和业务决策的基础，以加强风险管理，减缓气候变化对公司带来的经营风险。

——《中材国际 2021 环境、社会及管治报告》（P53）

E5.4 气候相关风险和机遇方面的目标及表现

【指标解读】：描述公司应对气候变化工作的目标设定，阐述目标设定考量因素，并披露报告期内目标实现情况。

示例：

中国电建坚定不移地贯彻落实国家碳达峰碳中和目标，按照国务院国资委编制印发的《关于推进中央企业高质量发展做好碳达峰碳中和工作的指导意见》要求，将控制碳排放作为重点，明确实现碳达峰碳中和的路径。公司将节能降碳目标纳入"十四五"规划；推进能源结构低碳化，重点建设清洁电力系统；持续响应与应对气候变化有关的政策和行动；积极开展碳市场交易；加大碳捕捉技术研发。

"十四五"规划节能降碳目标：万元产值综合能耗 5 年下降15%，万元产值二氧化碳排放量 5 年下降18%。

——《中国电建 2021 环境、社会及管治报告》（P29）

E5.5 直接温室气体排放量

【指标解读】：描述报告期内公司拥有或控制的所有业务直接产生/排放

的温室气体总量（对应 GRI 标准和香港联合交易所《环境、社会及管治报告指引》范畴 1 温室气体排放）。

示例：

2021 年，中铝国际温室气体排放量为 35001.72 吨 CO_2e，其中直接排放 18904.13 吨 CO_2e，间接排放 16097.60 吨 CO_2e，万元营收温室气体排放强度为 0.015 吨 CO_2e/万元。

——《中铝国际 2021 社会责任报告暨环境、社会和企业管治（ESG）报告》（P50）

E5.6 间接温室气体排放量

【指标解读】：描述报告期内公司消耗外购电力、外购热力等间接消耗能源所产生的温室气体数量（对应 GRI 标准和香港联合交易所《环境、社会及管治报告指引》范畴 2 温室气体排放）。

示例：

指标名称	单位	2021 年
间接温室气体排放量	吨 CO_2e	3035069

——《中国能建 2021 社会责任（ESG）报告》（P18）

E5.7 温室气体排放强度

【指标解读】：计算公式为：温室气体排放强度＝温室气体排放量/公司特定指标。特定指标包括年度生产产值、营业收入、销售收入、产品单位、产量（如吨、升或兆瓦时）、大小（如占地平方米）、雇员（如员工人数）及货币单位（如收入或销量）。

示例：

指标	单位	2019 年	2020 年	2021 年
碳强度	吨/万元	0.0526	0.0982	0.01001

——《中国铁建 2021 社会责任报告》（P111）

四、社会风险管理（S 系列）

社会风险管理主要指公司降低生产经营对社会的负面影响，维护公司赖以生存的社会生态系统稳定发展，包括雇用、发展与培训、职业健康和安全生产、客户责任、负责任供应链管理、社区影响六个议题（见图 4-5）。

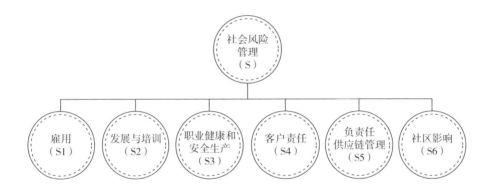

图 4-5 社会风险管理下设议题

（一）雇用（S1）

S1.1 遵守劳工准则

【指标解读】：描述公司为杜绝童工、反强制劳动、反骚扰、反霸凌、反恐吓等行为所坚持的原则及要求。

示例：

我们坚持平等雇用原则，依法签订劳动合同，反对就业歧视和强迫劳动，杜绝童工，同工同酬，尊重和维护公平公正的就业环境，保障员工合法权益。

——《中国建筑 2021 可持续发展报告》（P77）

S1.2 多元化和机会平等

【指标解读】：描述公司坚持平等原则，公平公正对待不同国籍、种族、性别、宗教信仰和文化背景的员工，提供平等发展机会，构建多元化的人才体系。

示例：

中国建筑严格遵守各项人权、劳工等相关国际惯例以及国家和本地区相关劳工的相关法律政策，坚持平等雇用原则，招聘不同国籍、种族、性别、宗教信仰、文化背景的雇员，实行全员劳动合同管理制度，依法与员工签订劳动合同，保障员工权益。2022 年，拥有在职员工 382492 人，其中海外员工 31684 人，女性员工 80356 人，女性管理者比例 21%，员工流失率 5.48%，全年劳动合同签订率 100%。

——《中国建筑 2022 可持续发展报告》（P87）

S1.3 员工构成

【指标解读】：描述报告期内员工构成情况，可按性别、年龄、学历、民族、地域、雇用类型等划分。

示例：

拥有在职员工 382492 人，其中海外员工 31684 人，女性员工 80356 人，女性管理者比例 21%。

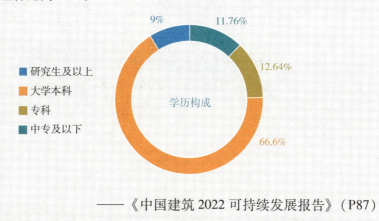

——《中国建筑 2022 可持续发展报告》（P87）

S1.4 劳动合同签订率

【指标解读】：报告期内公司员工签订劳动合同的比率。

示例：

2021 年，公司全年劳动合同签订率 100%。

——《中国建筑 2021 可持续发展报告》（P77）

S1.5 员工流失率

【指标解读】：描述报告期内公司员工流失比例。计算公式为：年度员工流失率＝年度离职人员总数／（年初员工总数+年度入职总数），或年度员工流失率＝年度离职人员总数／〔（年初员工总数+年末员工总数）/2〕。

示例：

2021 年，公司拥有在岗员工 368327 人，其中海外员工 32075 人，女性员工比例 21%，女性管理者比例 21%，员工流失率 5.94%。

——《中国建筑 2021 可持续发展报告》（P77）

S1.6 民主管理

【指标解读】：描述公司依照法律规定，通过职工代表大会或其他形式，对公司经济生活、政治生活、社会生活、文化生活以及其他事务实行民主决策、民主参与、民主监督的管理制度和管理方式。

示例：

我们不断深化健全民主管理体制机制，与员工建立良好的沟通联系，通过召开职代会、职代会联席会议，完善厂务公开工作，开展"书记面对面、员工心连心"等活动，了解员工对公司经营理念、管理制度的建议和诉求，为员工提供建言献策渠道，使员工了解企业的发展状态，加强员工与企业之间的互信交流，夯实企业民主管理工作。2022 年各级工会建会率100%，员工入会率 100%。

——《中国建筑 2022 可持续发展报告》（P87）

S1.7 薪酬福利体系

【指标解读】：描述公司遵循同工同酬等原则，构建包含绩效奖金、岗位津贴等的薪酬与福利体系。

示例：

我们坚持市场化改革，强化精准有效激励，深入开展薪酬与业绩对标，不断完善薪酬福利体系。严格遵守法律规定，为员工足额缴纳五险一金，同时提供体检、节假日慰问、结婚祝贺等福利待遇，调动员工工作的积极性。2020 年，各类社会保障覆盖率 100%。

——《中国建筑 2020 可持续发展报告》（P87）

S1.8 农民工、临时工和劳务派遣工权益保护

【指标解读】：劳务派遣工指与由劳动行政部门认定资质、经工商部门注册登记的劳务型公司签订劳动合同或劳务合同后，向实际用工单位进行劳务输出，从事劳动服务的一种用工形式。劳动者与劳务型公司建立劳动关系或劳务关系，由劳务型公司按规定发放工资、缴纳社会保险费；劳动者与劳务输入的实际用人单位不发生劳动关系或劳务关系，只是从事劳动服务。农民工、临时工和劳务派遣工的权益保护问题主要包括同工同酬、福利待遇、职业培训与发展等。

示例：

中国建筑坚持把服务保障农民工作为战略性工程来抓，实施农民工工资专户集中管理，全过程保障务工人员权益。

——《中国建筑 2020 可持续发展报告》（P100）

S1.9 项目竣工后的员工安置

【指标解读】：在项目竣工时提前公开披露项目废止情况，并依法依合同解除劳资关系，结清所欠职工工资和补偿金等相关费用，做好员工安置工作。

S1.10 社会保险覆盖率

【指标解读】：描述公司所有员工社会保险的覆盖比例。

示例：

2020 年，各类社会保障覆盖率 100%。

——《中国建筑 2020 可持续发展报告》（P87）

S1.11 劳务派遣工社会保险覆盖率

【指标解读】：描述公司劳务派遣员工中社会保险的覆盖比例。

S1.12 危险作业意外伤害保险

【指标解读】：描述依据《建设工程安全生产管理条例》《中华人民共和国建筑法》等有关法规与标准，建筑施工企业为从事危险作业的建筑安装施工人员支付的意外伤害保险费。

示例：

公司为劳工提供工伤保险和意外伤害保险，定期对劳工开展安全卫生教育，最大限度地减少安全事故与职业危害。

——《中国中铁 2021 环境、社会与管治报告暨社会责任报告》（P62）

S1.13 人均带薪年休假天数

【指标解读】：带薪年休假是指劳动者连续工作一年以上，就可以享受一定时间的带薪年假。其中，职工累计工作已满 1 年不满 10 年的，年休假 5 天；已满 10 年不满 20 年的，年休假 10 天；已满 20 年的，年休假 15 天。国家法定休假日、休息日不计入年休假的假期。具体操作可参考现行的《职工带薪年休假条例》《企业职工带薪年休假实施办法》。

示例：

指标名称	单位	2021 年
每年人均带薪休假天数	天	8.3

——《中国电建 2021 环境、社会及管治报告》（P51）

S1.14 员工关怀

【指标解读】：描述公司在困难员工帮扶、员工生育期权益保障（女性员工带薪休假、男性员工护产假保障）、员工心理健康管理、工作与生活平衡等方面所做出的努力。

示例：

中国建筑坚持"以人为本"的理念，为员工提供舒适的工作环境，营造和谐愉悦的工作氛围，提供各类休闲娱乐活动，支持员工多方位发展自己的爱好，提升团队的凝聚力，拓展员工幸福空间，增强员工对中建的归属感。我们关心员工生活和家庭建设，积极主动帮助员工解决生活上的烦恼。通过举办各种亲子活动、联谊活动等帮助员工正确认识和看待家庭同工作间的关系，调和职业和家庭的矛盾，缓解由于工作家庭关系失衡而给员工带来的压力，助力员工幸福生活、开心工作。

——《中国建筑 2020 可持续发展报告》（P91）

S1.15 改善施工现场生产生活环境

【指标解读】：描述依据《建设工程安全生产管理条例》《建筑施工现场环境与卫生标准》等有关法规与标准，建筑施工企业采取有效措施，深入推动创建文明工地工作全面开展，切实改善建筑工人的生产环境与生活条件。

示例：

公司加强施工技术管理工作，与施工企业签订《安全质量责任书》，推进科学施工，持续优化策划，合理安排资源配置，坚决杜绝盲目赶工期、抢进度，做到手续不齐全不施工、地质条件不清楚不施工、安全措施不落实不施工、人员培训不到位不施工、隐患不排除不施工。

——《中国中铁 2021 环境、社会与管治报告暨社会责任报告》（P60）

S1.16 员工满意度

【指标解读】：描述报告期内公司开展员工满意度调查的行动，并披露调查结果。

示例：

参与调查的所有员工对本公司的整体满意度为 89%。

——《中国建材 2021 年环境、社会及管治（ESG）报告》（P73）

（二）发展与培训（S2）

S2.1 职业发展通道

【指标解读】：描述公司以帮助员工实现职业理想为目标，建立的员工职业发展和职业晋升路线。通常可以划分为传统职业发展通道、横向职业发展通道、网状职业发展通道和职业发展双通道等。当前，多数企业采用的是职业发展双通道，并由此延伸出三通道、多通道。

示例：

我们坚持严格的考核与晋升制度，发挥员工潜力，使公司出现人才辈出的良好局面。推进专业化、职业化建设，所有子企业均试运行新职级体系。了解员工诉求，辅导员工职业发展，做好职级晋升及考核工作，优化评审方式，发挥激励作用。

——《中国建筑 2021 可持续发展报告》（P78）

S2.2 职业培训体系

【指标解读】：描述公司为提升员工职业素养而建立的与公司发展及员工个人成长相配套的培训管理体系、培训课程体系、培训师资体系以及培训实施体系。

示例：

我们大力弘扬企业家精神，提出"5355"干部人才工作总体思路，深入把握"5 个必然要求"的价值锚点、坚持"5 个必须"的基本原则，将国有企业领导人员"20 字"标准具象化为"5 强 3 化"干部人才队伍目标，持续提升年轻干部政治能力、专业化水平、治企兴企本领，着力打造忠诚干净担当的高素质干部队伍。

——《中国建筑 2022 可持续发展报告》（P88）

S2.3 职业培训投入

【指标解读】：描述报告期内公司在员工培训方面投入的资金总额。

示例：

中国建筑推进人才管理和培养规范化、标准化，拓宽人才成长通道。完善培养体系，优化培训项目，为不同类别人才设计针对性职业发展通道，搭建统一评价尺度，促进人才结构分布与公司业务发展相匹配。全年员工培训投入5.0亿元，覆盖1291708人次。

——《中国建筑2019可持续发展报告》（P79）

S2.4 职业培训绩效

【指标解读】：描述公司员工培训的时长、覆盖人数或覆盖比例，可按性别、雇员类别（如高级管理层、中级管理层、基层员工）等划分。

示例：

通过职业发展规划、教育培训等方式，帮助员工提升工作能力，为员工搭建广阔发展平台。全年员工培训覆盖100余万人次。

——《中国建筑2020可持续发展报告》（P88）

（三）职业健康和安全生产（S3）

S3.1 职业健康管理

【指标解读】：描述公司为避免或减少因设施条件、工作环境、劳动强度给员工造成的健康损害所采取的保障措施。

示例：

优化特殊工种员工工作环境，提供劳动防护用品；开展《职业病防治法》《健康管理师基础知识》等职业健康讲座；完善员工医疗保障机制，定期开展职业健康体检，做好员工健康管理；为海外员工开展"春苗行动"疫苗接种、爱心义诊等活动，全方位保障员工健康。

——《中国电建2021环境、社会及管治报告》（P43）

S3.2 通过职业健康及安全管理体系认证

【指标解读】：描述公司是否通过职业健康及安全管理体系认证，如OH-

SAS 18001、ISO 45001 等①。

S3.3 新增职业病数

【指标解读】：描述报告期内公司新增患职业疾病的人员数量。

示例：

指标名称	单位	2021 年
新增职业病人数	人	0

——《中国中冶 2021 社会责任报告暨 ESG（环境、社会与管治）
报告》（P70）

S3.4 安全生产管理体系

【指标解读】：描述公司安全生产组织体系、安全生产制度，以及为确保安全生产所采取的有效防护措施。

示例：

我们围绕"从根本上消除事故隐患"核心思想，发布《中国建筑"十四五"安全生产专项规划》，构建"1312"安全生产治理模式，有效防范各类生产安全事故，推进安全生产治理体系和治理能力现代化。建立健全三个治理体系，即全员化的安全生产责任体系、科学化的安全风险防控体系、规范化的安全生产监督体系；提升两项治理能力，即专业治理能力和社会治理能力，2021 年，安全生产总投入 316.5 亿元，认真落实全国安全生产专项整治三年行动的各项要求，部署"安全生产基础管理治理年"各项工作，自觉担负安全生产责任。

——《中国建筑 2021 可持续发展报告》（P79）

S3.5 施工安全标准化建设

【指标解读】：描述公司通过在施工现场推行标准化管理，实现安全管理流程的程序化、场容场貌的秩序化和施工现场安全防护的标准化，促进建立

---

① 2018 年 3 月 12 日，国际标准化组织（ISO）发布职业健康安全管理体系国际标准 ISO 45001：2018。ISO 45001 取代已被广泛采用的 OH-SAS 18001 以及其他一些国家标准。在 2021 年 3 月 OH-SAS 18001 被撤销之前，已获得 OH-SAS 18001 认证的组织将有三年时间转换至新标准。

运转有效的自我保障体系。

示例：

中国中冶在采取"四不两直"检查的基础上创新检查方式，充分发挥各业务系统专家作用，打造各系统联动检查模式，提高安全检查和隐患治理实效，以更加严格的标准提升现场安全管理水平。2021 年，中国中冶共有 15 个项目获评国家级"建设工程项目施工安全生产标准化工地"，187个项目获评省级安全文明标准化工地和 225 个项目获评地市级安全文明标准化工地。

——《中国中冶 2021 社会责任报告暨 ESG（环境、社会与管治）

报告》（P69）

S3.6 特种设备安全管理

【指标解读】：描述特种设备的购置、安装；对各类特种设备进行注册登记；特种设备档案资料的管理等。

示例：

打造集全过程安全综合监管和隧道、盾构、桥梁、特种设备、船舶监控一体化的安全监控系统，全年隧道监控中心发布 1839 份风险管控提示，盾构监控中心发布 53 起预警，提升运营效率的同时，有效保障作业人员和设备安全。

——《中国交建环境、社会及管治报告 2021》（P63）

S3.7 安全宣贯与培训

【指标解读】：描述公司在推行安全文化、增强员工安全意识方面的宣贯与培训活动。

示例：

我们组织召开多层次的安全会议，开设基础设施安全管理直播课堂，开展"行为安全之星""三铁六律"等活动，将"我安全，你安全，安全在中建"的安全文化有效融入员工意识、行为、习惯中，有力推动"正向激励促安全、底线管控防隐患"安全文化的落地执行。

——《中国建筑 2021 可持续发展报告》（P80）

S3.8 双重预防机制

【指标解读】：双重预防机制是习近平总书记在 2016 年 1 月 6 日中共中央政治局会议上提出的，要求对易发重特大事故行业领域，采取风险分级管控、隐患排查治理双重预防性工作机制，推动安全生产关口前移，加强应急救援工作，最大限度减少人员伤亡和财产损失。

示例：

为进一步强化主体责任落实，完善管理体系，夯实管理基础，先后出台了《进一步落实安全生产"管""监"责任暨构建风险和隐患双重预防长效机制的通知》……不断加强安全生产体系建设，加大安全生产投入和管控力度，采取了设立"片区安全生产稽查队"等一系列强化安全生产工作的管控措施。

——《中国中铁 2021 环境、社会与管治报告暨社会责任报告》（P57）

S3.9 应急管理体系

【指标解读】：描述公司在建立应急管理组织、规范应急处理流程、制定应急预案、开展应急演练等方面的制度和措施。

示例：

公司建立与应急管理部相联系的应急协调联动机制，并分级建立信息共享预警机制，及时将气象灾害预警快报等信息层层传递到一线，第一时间做好应急准备；组织对施工区域及生活营地周边地质灾害进行全面排查，对防汛机械设备全面检查、及时维修与保养，确保处于良好状态；组织开展包括防洪防汛、施工安全、坍塌事故、消防安全等各种类型应急演练，帮助员工切实掌握应急方法，提高应急抢险救援能力；强化应急处置力量建设，在施工周期较长、施工机械相对较多的项目设置应急队伍，配置兼职抢险人员和设备作为工程抢险救援力量。公司全年共开展各项应急演练

8598 次，安全应急管理水平不断加强。

　　　　　　　——《中国电建 2021 环境、社会及管治报告》（P41）

S3. 10 安全生产投入

【指标解读】：描述报告期内公司以保障安全生产为目的投入的资金总额。包括但不限于劳动保护投入、安全措施投入、安全培训投入等相关费用。

示例：

　　我们围绕"从根本上消除事故隐患"核心思想，发布《中国建筑"十四五"安全生产专项规划》，构建"1312"安全生产治理模式，有效防范各类生产安全事故，推进安全生产治理体系和治理能力现代化……2021年，安全生产总投入 316. 5 亿元。

　　　　　　　——《中国建筑 2021 可持续发展报告》（P79）

S3. 11 安全生产培训绩效

【指标解读】：描述报告期内公司安全生产培训的时长、场数、培训人次、覆盖比率等。

示例：

　　2019 年，制作安全教育片《防线》，组织安全生产培训 26 万人次，培训覆盖率达 100%。

　　　　　　　——《中国建筑 2019 可持续发展报告》（P80）

S3. 12 安全生产事故数

【指标解读】：描述报告期内公司内部安全生产事故数量。如果供应商或承包商等存在安全生产事故数，也应当予以披露。

示例：

指标名称	单位	2021 年
安全生产事故数	件	9

　　　　　　　——《中国电建 2021 环境、社会及管治报告》（P52）

S3.13 工伤/亡人数

【指标解读】：描述报告期内公司员工、供应商或承包商群体中，因工受伤或亡故的人员总数。

示例：

指标名称	单位	2021 年
员工伤亡人数	人	13

——《中国电建 2021 环境、社会及管治报告》（P52）

S3.14 因工伤损失工作日数

【指标解读】：描述报告期内公司所有因工受伤员工停职留薪的工作日数之和。通常需以劳动部门鉴定的停工留薪时间为准。

示例：

指标名称	单位	2019 年	2020 年	2021 年
因工伤损失工作日数①	天	48000	36000	42000

——《中国交建环境、社会及管治报告 2021》（P104）

（四）客户责任（S4）

S4.1 企业资质等级

【指标解读】：描述建筑企业取得的资质许可，如总承包资质、专业承包资质、劳务分包资质。企业应在资质许可的范围内从事建筑施工活动，不得开展许可范围之外的建筑业务。

示例：

中国建筑拥有 7 家具有甲级设计资质的大型勘察设计企业，业务覆盖建筑设计、城市规划、工程勘察、市政公用工程设计等诸多领域。

——《中国建筑 2021 可持续发展报告》（P26）

---

① 因工伤损失工作日数：统计依据为每死亡 1 人，折合成损失工作日数 6000 个工作日。

S4.2 工程质量管理

【指标解读】：工程质量管理泛指建设全过程的质量管理。其管理的范围贯穿工程建设的决策、勘察、设计、施工全过程。工程质量管理包括确定工程质量方针、目标和职责，并通过工程质量体系中的质量策划、控制、保证和改进来实现其所有管理职能的全部活动。

示例：

我们全面推行《项目岗位质量责任目标协议书》制度，完善优质工程评价机制和标准，印发《工程质量管理标准化手册》，编制《关键工序和特殊过程重大质量风险管理指南》，组织质量观摩会、精品工程研讨会活动，2021 年，组织所属企业质量培训 10637 次，覆盖 385962 人次；荣获中建协优秀 QC 成果 470 项、中施协优秀 QC 成果 279 项。

——《中国建筑 2021 可持续发展报告》（P67）

S4.3 合同履约率

【指标解读】：合同履约率＝履约的合同数÷总签约的合同数。

示例：

2021 年建筑合同履约率达到 100%。

——《中国建筑 2021 可持续发展报告》（P66）

S4.4 新型或特殊材料、工艺评价

【指标解读】：描述公司在规划设计环节对新型或特殊建筑材料、施工工艺开展风险评估和生命周期评价的措施。

示例：

硅钙板的墙体坚固可靠，还有防火、防水、强度高、性能稳定、隔热隔音、不易损坏、使用寿命长等优点，主要用于现代建筑室内隔墙。2021年 9 月，陕建建材科技公司采用国内先进的生产、环保技术和设备，优化硅酸钙板生产线，有力提升了车间生产效率和自动化生产水平。改造完成后，不仅实现了生产过程节能降耗，还提升了产品品质，降低了生产成本，为满足市场绿色环保硅酸钙板装饰产品需求奠定了良好基础。

——《陕建股份 2021 年度社会责任报告》（P27）

S4.5 建筑工程抗震设防

【指标解读】：抗震设防要求是指建设工程抗御地震破坏的准则和在一定风险水准下的抗震设计采用的地震动参数或地震烈度。依据《中华人民共和国防震减灾法》等法律法规，建设工程必须按照抗震设防要求和防震设计规范进行抗震设计，并按照抗震设计进行施工。

示例：

在"安全营地"方面，新营地优选安全环保、质量可靠的营地产品，采用的箱式房，相比活动板房，结构更安全、设计更合理、材料强度更高，具有更强的抗震、抗压、保温、防火、防水、防雪、防风性能。建设营地电子围墙和安全预警等系统，确保营地安全。

——《中国能建社会责任（ESG）报告 2021 年》（P31）

S4.6 提供普遍适用公共空间

【指标解读】：建造公共基础设施和建筑时，考虑到所有人，特别是妇女、儿童、老年人和残疾人的特征，提供安全、包容、无障碍、绿色的公共空间。

示例：

我们稳步推进医养地产、文旅地产、产业园区、智慧城市建设，做好以服务为先、品质为重的公共空间精细规划和建设，为城市居民提供个性化、多样化的选择，让城市居民生活更加美好，人类住区更有韧性。

——《中国建筑 2021 可持续发展报告》（P9）

S4.7 按期交付工程的制度、措施

【指标解读】：描述公司为使工程按期交付制定的制度和措施。工程建设需要一个规范合理的周期，工程要按期交付，必须按照施工进度计划设定工程节点，做好施工进度管理。

S4.8 按期交付工程绩效

【指标解读】：一次交验合格率（%）等。

示例：

2021年，工程验收合格率达100%。

——《中国建筑2021可持续发展报告》（P66）

S4.9 负责任营销

【指标解读】：描述公司在产品或服务的宣传过程中，秉持高度的责任感，客观、真实地开展营销活动，不夸大其词、隐瞒风险、过度营销。

示例：

我们坚持公平营销，主动为客户提供企业资信、历年绩效、工程建设经验、技术服务能力等真实信息，全力保障客户的合法权益，努力树立企业诚信履约良好形象。2021年，年度会签评审率、合同交底率、合同策划执行率均达到100%。

——《中国建筑2021可持续发展报告》（P68）

S4.10 质量风险紧急预案

【指标解读】：描述公司针对各种质量风险制定应急预案并演练。

示例：

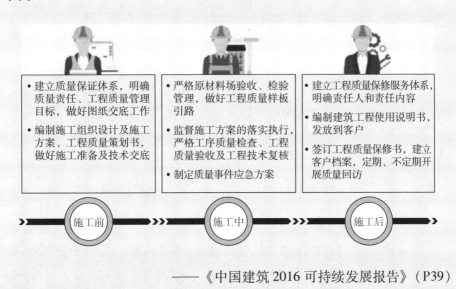

——《中国建筑2016可持续发展报告》（P39）

S4.11 质量保修制度

【指标解读】：建设工程承包单位在向建设单位提交工程竣工验收报告时，应当向建设单位出具质量保修书。建设工程在保修范围和保修期限内发生质量问题的，施工单位应当履行保修义务，并对造成的损失承担赔偿责任。

示例：

我们坚持从客户利益出发，借助新媒体平台及时响应客户相关诉求，定期开展满意度调查，协同客户解决影响工程进展的问题，推动项目履约，实现顾客满意……竣工交付后，为客户提供交付质量保证书及使用说明书，客户有任何问题都可以直接联系我们，我们会在第一时间组织人员对客户的保修需求以及使用指导进行服务。

——《中国建筑2021可持续发展报告》（P69）

S4.12 积极应对客户投诉

【指标解读】：描述公司在面对客户因对产品质量或服务不满意而提出书面或口头异议、抗议、索赔和要求时，采取的一系列应对方案和解决措施。

示例：

中国交建不断强化客户投诉管理，完善客户投诉解决机制，明确处置流程，设立处置台账，并做好跟踪督查。一航院设定客户投诉控制程序，由生产经营部接收投诉，联合相关部门进行处理，由安全质量监管部门检查执行结果，最后由人力资源部门对投诉对象提出处理意见，形成完整的闭环投诉解决机制。2021年，公司未发生因产品质量及服务引发的重大法律诉讼及投诉。

——《中国交建环境、社会及管治报告2021》（P61）

S4.13 信息安全与隐私保护

【指标解读】：描述公司通过建立信息安全管理政策、隐私保护政策等，在透明、用户知情的情况下提供产品与服务，使用用户信息，保障用户的财产安全、人身安全、信息安全。

示例：

我们持续压实保密责任，开展涉密项目专项检查，明确 8 大类、36 个子项的检查标准，赴 13 个项目开展 16 次督查，提高基层项目保密业务水平。

- 开展保密宣传教育培训，开展保密宣传月活动，强化保密意识和保密常识教育。
- 建立保密专员制度，专人对接，确保客户招标信息不外泄。
- 涉密项目配齐保密硬件设施，坚持项目检查必查保密工作。

——《中国建筑 2021 可持续发展报告》（P68）

S4. 14 客户满意度

【指标解读】：描述公司以改进产品或服务为目标，开展的客户满意度调查活动，并披露调查结果。

示例：

我们定期对大客户进行回访，聆听客户诉求及意见，完善《大客户管理办法》《大营销体系联动管理办法》等管理制度。以大客户管理委员会、营销工作组、履约工作组、维护主体、实施项目部为工作轴心，定期召开大客户服务联席会，确保大客户管理内部环节畅通。采用客户信息化管理，设立多层级管理组织，为客户及时有效提供优质服务，进一步提高客户满意度。2019 年，保修期内工程抽样客户总满意率为 100%。

——《中国建筑 2019 可持续发展报告》（P67）

S4. 15 投诉解决率

【指标解读】：描述报告期内客户投诉处理绩效。计算公式为：投诉解决率＝解决投诉量/投诉总量×100%。

示例：

关键指标	2021 年	单位
投诉处理关闭率	100%	/

——《中国中冶 2021 社会责任报告暨 ESG（环境、社会与管治）报告》（P111）

S4. 16 工程质量的重大负面信息绩效

【指标解读】：包括年度建造过程中发生重大质量事故的次数（次）、年度因质量问题受到法律法规制裁的次数（次）等。

示例：

2021 年，公司及所属各成员企业全年未发生重大工程质量问题和事故。

——《中国电建 2021 环境、社会及管治报告》（P22）

S4. 17 工程质量的重大负面信息处理情况

【指标解读】：描述公司处理重大质量事故的举措和结果。

（五）负责任供应链管理（S5）

S5. 1 供应链 ESG 管理体系

【指标解读】：描述公司为推动供应商遵循商业道德并以负责任的方式开展业务，确保价值链伙伴在道德、安全、健康、劳工准则、环保等方面与公司理念要求吻合的制度、措施。

示例：

中国建筑致力打造责任供应链，在建筑基础工艺和建筑材料等方面加强责任监督，引导建筑业企业提供高质量的绿色建筑产品与服务。带动民营企业在内的上下游企业共同发展，致力提升建筑产业链供应链现代化水平。2020 年，关键产品供应商/分包商通过质量、环境和职业健康安全管理体系认证率为 100%。

——《中国建筑 2020 可持续发展报告》（P93）

S5. 2 供应商 ESG 审查评估

【指标解读】：描述公司对供应商在劳工、环境、安全等方面的管理水平和绩效进行审查评估的制度、措施及根据评估结果所采取的处理方式。如果报告期内供应商出现重大违约违法行为，应详细披露处理情况。

示例：

　　中国交建对供应商实行分级审批、推荐考核评价制度，从供应商进入到接受评价评审与分级管理，参与投标与合同签订，跟踪评价，直至退出供应商网络。从不同层级的供应商准入开始，均实行岗位审批制，并将评价评审优秀的供应商逐级推荐并通过上层管理审批岗审批到相应层级，接受管理；由供应商初始推荐单位审核供应商信息是否全面、准确，并根据供应商的基本条件、产品质量、供货效率和业绩情况择优向上级单位推荐；重点对生产过程、原材料入场检验、不合格品的管控流程等实施考核检查，同时实现正负两方面的升降级分级管理激励机制，根据线上和现场评价评审结果，调整供应商层级。

——《中国交建环境、社会及管治报告 2021》（P68）

S5.3 审查的供应商数量

【指标解读】：描述报告期内公司审查的供应商数量。

示例：

指标名称	单位	2021 年
报告期内审查的供应商数量（申报供应商数量）	个	28004

——《中国电建 2021 环境、社会及管治报告》（P51）

S5.4 因不合规被中止合作的供应商数量

【指标解读】：描述报告期内未通过 ESG 审查评估而被中止合作的供应商数量。

示例：

指标名称	单位	2021 年
因社会责任不合规被终止合作的供应商数量	个	0

——《中国电建 2021 环境、社会及管治报告》（P51）

S5.5 因不合规被否决的潜在供应商数量

【指标解读】：描述报告期内因 ESG 不合规而被否决入库的潜在供应商数量。

示例：

指标名称	单位	2021 年
因社会责任不合规被否决的潜在供应商数量	个	0

——《中国电建 2021 环境、社会及管治报告》P51

S5.6 供应商 ESG 培训体系

【指标解读】：描述公司为提高供应商 ESG 意识，开展的专项培训、宣传教育等活动。

示例：

中国交建通过每年度的供应商大会、供应商公开培训课、供应商现场评价等方式向供应商传递公司供应链管理理念、发展方向，加强供应商准入及绩效评价标准等培训，并积极开展管理及技术经验交流……2016 年至 2021 年，共 2000 余家供应商接受相关社会责任培训，其中 2021 年举办免费供应商管理网络视频公开课 2 次，共 500 余人次参加了培训学习。

——《中国交建环境、社会及管治报告 2021》（P70）

S5.7 供应商 ESG 培训绩效

【指标解读】：描述报告期内公司 ESG 培训覆盖供应商的数量，或针对供应商开展的 ESG 培训次数、时长等。

示例：

2019 年，分包商培训投入 31135 万元，覆盖 160 万人次。

——《中国建筑 2019 可持续发展报告》（P85）

（六）社区影响（S6）

S6.1 新建项目社区影响评估

【指标解读】：描述公司在规划和建设项目的全流程中，对可能造成的社区影响进行分析、预测和评估，采取预防或者降低负面社区影响的具体措施，如开展原住民保护、社区居民损害补偿等。

示例：

长岛铁路新线项目是纽约大都会捷运局（MTA）有史以来金额最大的单体合同项目，受到纽约社会各界的高度关注。为保障当地市民工作日正常通勤，中建美国公司项目团队利用周末 48 小时局部停运"窗口期"，顺利完成工程首座铁路桥——Cherry Lane 铁路桥的旧桥拆除和新桥安装工作。

——《中国建筑 2019 可持续发展报告》（P65）

S6.2 尊重、保护社区文化传统、遗产及宗教信仰

【指标解读】：注意尊重、保护当地社区的文化传统、遗产及宗教信仰，其中既包括有形文化遗产所涉及的历史文物、历史建筑、人类文化遗址，也包括非物质文化遗产所涉及的特有的表演、表现形式、知识体系和技能等。

示例：

中国建筑为长汀县红色旅游资源开发和古村落保护提供规划、设计、运维等智力支持，组织旗下 9 家子企业开展长汀县同睦村旅游规划方案竞赛活动，征集一批重保护、有思想、可持续、创意新、功能强、特色浓、宜实施的优秀规划设计方案和好建议。

——《中国建筑 2021 可持续发展报告》（P44）

S6.3 施工噪声防治

【指标解读】：描述公司防治噪声的措施与绩效，包括但不限于建设运营期间隔音降噪措施、有效回避噪音敏感区、注重项目周边民众投诉情况等。

示例：

配备噪声测试仪监控噪声分贝，使用低噪音、低振动的机具，采取隔音与隔振措施；调整工序结构，合理优化施工时间，减少夜间施工。

——《中国建筑 2021 可持续发展报告》（P73）

五、价值创造（Ⅴ系列）

价值创造包括国家价值、产业价值、民生价值和环境价值四个议题（见图4-6），分别指公司服务国家战略、服务产业发展、服务人民美好生活、服务生态文明建设而创造的价值。

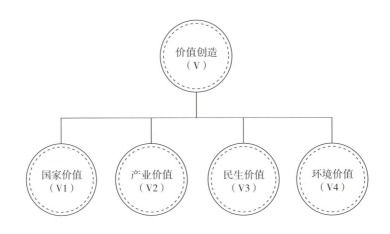

图4-6 价值创造下设议题

（一）国家价值（V1）

国家价值指公司通过服务国家战略大局创造的价值，主要体现在公司对国家重大方针战略的响应、贯彻、落实。国家的重大战略部署覆盖范围广泛、议题众多，且难以穷尽，在此不一一列举，公司可选取与企业关联度高的重大战略，从理念、领域、投入和成效方面进行描述。

V1.1 服务国家重大战略的理念和政策

【指标解读】：描述公司为服务某项国家重大战略落实落地确定的理念、政策与制度等。

示例：

中国建筑把服务国家战略作为自身最重要的责任、最大的发展机遇，服务区域协调发展战略，聚焦片区开发、交通强国建设、大体量城市更新、站城融合、城市运营等领域。我们精准对接地方发展需求，优化市场布局，建设了一大批高精尖及服务国计民生的重大工程项目，是推动国家城乡建设的重要力量。

——《中国建筑2021可持续发展报告》（P39）

V1.2 国家重大战略贡献领域

【指标解读】：描述公司贯彻落实的国家重大战略领域，包括但不限于：创新驱动发展、乡村振兴、"一带一路"、区域协调发展、国家专项工程、就业优先、重要物资保供稳价、"双创"、"三农"建设等。

示例：

2021年，我们坚持以习近平新时代中国特色社会主义思想为指导，坚决贯彻党中央国务院决策部署，紧扣乡村振兴战略总要求，精准务实定点帮扶甘肃省康乐县、卓尼县、康县（简称甘肃三县），对口支援福建省长汀县，全面推动脱贫攻坚政策举措和工作体系逐步向乡村振兴平稳过渡。

——《中国建筑2021可持续发展报告》（P42）

V1.3 服务国家重大战略的行动举措

【指标解读】：披露报告期内公司通过哪些行动、措施或项目，切实践行国家重大战略。

示例：

成立乡村振兴工作领导小组和推进小组，召开乡村振兴工作会议做出部署安排，制定年度乡村振兴工作要点、任务清单和对口支援实施方案等文件。集团党组主要领导、分管领导等赴四县调研考察全覆盖。指派17家子企业全面参与定点帮扶，引进中国妇基会等社会力量，构建"1+X"定点帮扶格局；4名挂职副县长、3名驻村第一书记扎根一线，担当作为。

——《中国建筑2021可持续发展报告》（P42）

V1.4 服务国家重大战略取得的成效

【指标解读】：描述公司服务国家重大战略所取得的进展与成效，可以采用投入资金、项目数量、惠及人口数量等衡量。

示例：

乡村振兴，文化是底蕴。我们坚持物质文明和精神文明一起抓，改善山区学生受教育情况，改善农民精神风貌，形成良好的教育环境和文化氛围，提升乡村文化软实力。投入 1310 万元捐建 2 所希望小学；投入 72 万元建设 3 个人工智能科创教室，引入 AI 课程并组织 20 名专业老师开展为期 3 天的教学培训；举办专家讲座直播培训，为三县老师送上 4 场教育讲座；联合深圳 ME 学院，打造 3 个"未来教育实验班"，为三县系统性引入未来教育国际化科学类课程。

——《中国建筑 2021 可持续发展报告》（P43）

（二）产业价值（V2）

作为中国特色社会主义市场经济的重要建设者，繁荣市场，做强、做优、做大产业始终是公司优先追求的社会价值。产业价值指公司通过服务产业健康发展创造的价值，包括技术创新、产业链协同、产业生态培育等方面。

V2.1 技术创新制度机制

【指标解读】：描述公司支持技术创新的战略规划、专项制度、行动方案等，明确创新工作的重点方向与任务。

示例：

将创新作为引领发展的第一动力，纵深推进国企改革三年行动，组织召开 12 次集团改革三年行动领导小组会，设立改革专班和工作组，推动集团 105 项改革任务、子企业 3700 余项改革举措如期实现各项节点目标。出台《加强科技创新能力建设三十条举措》，明确 10 大研发方向、153 项重点任务，加快打造智慧建造、绿色建造两个原创技术策源地，全年投入科研经费 399 亿元，荣获国家科技进步奖 5 项、詹天佑奖 15 项。

——《中国建筑 2021 可持续发展报告》（P22）

V2.2 技术创新的行动措施

【指标解读】：描述公司开展科技创新的具体行动举措。包括但不限于：设立科研中心／研发机构，培育新产业、新业态、新模式等。

示例：

我们加快科技创新平台建设，发挥科技创新平台的引领作用，推动产业链创新链深度融合，推进创新技术的产业化应用。截至 2020 年底，建成 5 个国家级企业技术中心（含分中心），建立省部级工程研究中心 5 个、工程技术研究中心 23 个、重点实验室 2 个、工程实验室 1 个，共计 31 家省部级创新平台；拥有省部级企业技术中心 59 个。

——《中国建筑 2020 可持续发展报告》（P70）

V2.3 研发投入

【指标解读】：描述报告期内公司在产品、技术、材料、工艺、标准的研究、开发过程中发生的各项费用，需剔除各种财政科技经费补助。

示例：

2020 年，公司研发投入 293.9 亿元，公司中级及以上专业技术职务人员 9.6 万人，占员工总数的 27%。

——《中国建筑 2020 可持续发展报告》（P70）

V2.4 重大技术创新成果

【指标解读】：描述报告期内公司在科技创新领域形成的重大项目、关键成果及重要产出。

示例：

中建产研院自主研发了多项数字建造领域的软硬件设备，主要包括 AECMate 系列软件、自主可控的国产化的三维图形平台、智慧工地管理平台与施工管理集成系统、智能测控系统与硬件设备等。其中具有自主知识产权的 AECMate 系列国产 BIM 软件，包含正向设计、逆向快速建模、施工过程管理等相关软件及平台，可为行业数据安全问题提供解决方案，已应用于近 1000 个工程项目。

——《中国建筑 2021 可持续发展报告》（P65）

V2.5 智能建造

【指标解读】：智能建造是以建筑信息模型（BIM）、物联网等先进技术为手段，以满足工程项目的功能性需求和不同使用者的个性需求为目的，构建项目建设和运行的智慧环境，通过技术创新和管理创新对工程项目全生命周期的所有过程实施有效改进和管理的一种管理理念和模式。

示例：

中建三局以建设"建筑大脑"为总体目标，通过打造 5G 智慧建造平台，逐步实现生产要素全在线、跨时空数据全连接、企业管理层级全服务。建造平台集成现场管控安全、质量、技术、工期、环境、设备、劳务、物资管理等八大要点，为企业构建"智能化管理驱动、智能化数据采集、智能化决策支持、智能化知识共享、智能化现场管控"五项"智能化能力"。

——《中国建筑 2021 可持续发展报告》（P63）

V2.6 带动上下游产业链协同发展

【指标解读】：描述公司发挥主业优势，勇于担当核心主业产业链领军企业，带动上下游公司共同发展的举措、行动等。

示例：

中国建筑加快打造现代产业链"链长"，加强产业链开放合作，着力提升基础固链、技术补链、融合强链、优化塑链能力，围绕产业链部署创新链、围绕创新链布局产业链，努力成为行业发展方向的引领者、产业基础能力提升的支撑者。

——《中国建筑 2021 可持续发展报告》（P65）

V2.7 保障产业链供应链安全稳定

【指标解读】：为应对疫情、自然灾害、激烈市场竞争等的冲击与挑战，公司发挥业务优势保障其他产业链供应链安全稳定的行动措施与成效。

示例：

中建财务公司全力确保资金划拨通道畅通，确保用款零延迟、零误差。搭建 51.7 亿元专项资金池，专项支持疫情防控建设、复工复产及高举高打项目资金需求；实施专门贷款利率优惠和服务"两免"政策。中建七局发行 20 亿元疫情防控永续债，引领上下游协同发展，带动全产业链加快复工复产。

——《中国建筑 2020 可持续发展报告》（P32）

V2.8 参与行业标准制定

【指标解读】：描述报告期内公司参与行业内相关标准制定的情况，包括但不限于：团体标准、行业标准、地方标准、国家标准、国际标准。

示例：

中国建筑倡导公平竞争，维护行业正常发展秩序。主动参与国家和行业发展研究、规划及标准制定，推进产业结构升级，在重大装备研发制造、高性能建筑材料研发、原位 3D 打印建筑、大型建筑整体旋转平移、超长斜拉桥空中转体等领域取得关键性突破，形成一批具有国际领先水平的成果，做行业技术的引领者。2019 年，主编全文强制性国家标准 6 部，编制发布国家标准 1 项。

——《中国建筑 2019 可持续发展报告》（P61）

V2.9 战略合作机制和平台

【指标解读】：描述公司与合作伙伴（商业和非商业的）建立的战略合作机制及平台，包括但不限于：长期的战略合作协议；共享的实验基地；共享的数据库；稳定的沟通交流平台；等等。

示例：

2021 年 10 月，中国建筑与北投集团签署战略合作框架协议。多年来，双方合作关系良好，合作成果丰硕。未来，中国建筑将全力落实京津冀协同发展战略，充分发挥全产业链优势，不断创新合作模式，与北投集团共同聚集优质资源要素，深化工程建设、项目投资、资产运营等领域合作，推动城市副中心建设，服务首都高质量发展。

——《中国建筑 2021 可持续发展报告》（P85）

V2.10 培育新时代建筑产业工人

【指标解读】：新时代产业工人是指接受过专业技能培训，有公司化、专业化的管理，就业高效、流动有序，劳动权益能够得到有效保障，充满获得感、幸福感、安全感的新型工人群体，是一支秉承劳模精神、劳动精神、工匠精神的知识型、技能型、创新型建筑工人大军。

示例：

中国建筑坚持把服务保障农民工作为战略性工程来抓，实施农民工工资专户集中管理，全过程保障务工人员权益。聚焦职业技能提升，深化产业工人队伍建设改革，落地全国首个"产业工人学习社区"，依托重点项目创办 191 个产业工人职业技能培训点，在全国建立 15 个省级产业工人培育基地，建设 3 个全国建筑产业工人培育示范基地（劳务基地），2 家单位入选全国交通建设行业产业工人队伍建设改革试点，打造一支知识型、技能型、创新型高素质产业工人队伍。

——《中国建筑 2021 可持续发展报告》（P87）

V2.11 推动新型建筑工业化发展

【指标解读】：新型建筑工业化是以构件预制化生产、装配式施工为生产方式，以设计标准化、构件部品化、施工机械化为特征，能够整合设计、生产、施工等整个产业链，实现建筑产品节能、环保、全生命周期价值最大化的可持续发展的新型建筑生产方法。

示例：

2021 年，中建四局首个"中建·智造"基地在广州市花都区落成投产，通过装配式建筑延伸产业链、实施建筑产业化基地发展战略，致力建成集设计、生产、施工、科研于一体的装配式建筑产业化基地。基地共拥有 7 条智能化制造的国内先进构件生产线，可实现智慧化管理、立体化储运、一站化物流和绿色化运营。项目达产后，每年可带动约 100 万平方米建筑面积的 EPC 工程总承包项目的业务承接，通过发挥中建四局在建筑行业全产业链"链长"企业优势，持续推动粤港澳大湾区绿色建筑产业高质量发展再上新台阶。

——《中国建筑 2021 可持续发展报告》（P64）

（三）民生价值（V3）

民生价值指公司在服务并满足人民美好生活需要中创造的价值，包括促进就业、公共服务和公益慈善等方面。

V3.1 带动就业的行动举措

【指标解读】：就业是民生之本。稳就业位居"六稳""六保"工作之首，关乎着千家万户的美好生活和国民经济的良好运行。公司应披露报告期内带动就业的行动举措。

示例：

为改善民众出行条件，斯里兰卡政府陆续开展道路重建和道路网络升级。中国建筑斯里兰卡北部省乡村道路改造项目负责改建的道路总施工长度约 100 公里，分布在各个村落。乡村道路改建工程不仅改善居民出行条件，还为当地创造了就业岗位。为鼓励女性就业，项目专门设置了 30% 的岗位用于招聘当地女性。

——《中国建筑 2021 可持续发展报告》（P92）

V3.2 新增就业人数

【指标解读】：描述报告期内公司吸纳就业总人数。包括但不限于：应届毕业生、社会招聘人员、军转复员人员、农民工、劳务工等。

示例：

坚持为国担责、为人民尽责，仅 2021 年接收应届大学毕业生 3.2 万人，缓解国家就业压力。为农民工提供就业岗位超过 240 万个，相当于带领 600 万人口奔小康。

——《中国建筑 2021 可持续发展报告》（P23）

V3.3 参与基础设施建设

【指标解读】：基础设施建设是国民经济基础性、先导性、战略性、引领性产业，对于满足人民群众对城市高品质生活和幸福美丽乡村的向往具有重要意义。具体包括交通、邮电、供水供电、商业服务、科研与技术服务、园林绿化、环境保护、文化教育、卫生事业等市政公用工程设施和公共生活服务设施等。如适用，公司应披露报告期内参与基础设施的情况。

示例：

中国建筑服务国家战略、贴近民生需求，工程建设与项目投资并举。依靠技术、人才和管理优势，在国内外城市轨道交通、高铁、特大型桥梁、高速公路、市政道路、城市综合管廊、港口与航道、电力、矿山、冶金、石油化工、机场、核电站等基建领域快速发展，完成了众多经典工程。依靠雄厚资本实力，迅速发展成为中国一流的基础设施投融资发展商，在国内先后投资建设了一大批国家和地方重点工程，在 BT、BOT、PPP 等融投资建造模式领域备受信赖，努力为人民美好生活补短板，为国家新兴产业做导向。

——《中国建筑 2021 可持续发展报告》（P25）

V3.4 公益行动领域

【指标解读】：描述公司公益慈善活动主要覆盖的领域，如扶贫、教育、医疗、卫生、环保、应急救援等。其中，应急救援包括对重大公共卫生事件、重大公共安全事件、重大自然灾害、社会突发事件等的救援和援助。

示例：

中建四局选址贵安时代城市花园项目、翁马铁路等项目，为环卫工人、交警、现场作业人员等户外劳动者打造综合服务站，切实解决户外劳动者喝水难、热饭难、歇脚难、如厕难等实际问题。以服务站为中心，开展升级服务，增设爱心义剪、法律咨询、义务体检把脉等，为广大户外劳动者提供更多更实在服务。服务站荣获中华全国总工会 2021 年"最美工会户外劳动者工作站点"荣誉。

—— 《中国建筑 2021 可持续发展报告》（P90）

V3.5 打造品牌公益项目

【指标解读】：品牌项目指在国家、社会和公众高度关注而发展程度较低的社会、环境领域，企业开展的有一定社会影响力并且取得了显著成效的公益项目。打造品牌公益项目，能够有效发挥其对 ESG 工作的重点工作牵引作用和资源整合平台作用。

示例：

传承雷锋精神，推动 1649 个志愿服务组织、超过 11 万名青年志愿者，在 73 个国家和地区、1.3 万个海内外项目，围绕乡村振兴、扶贫济困、助老助残、助医助学、社区服务、环境保护、赛会服务、抢险救灾、文化传播等，开展"建证未来"学雷锋志愿服务主题活动，绘制中国建筑全球志愿服务地图。

—— 《中国建筑 2022 可持续发展报告》（P105）

V3.6 公益捐赠总额

【指标解读】：描述报告期内公司开展社会公益事业所捐赠的资金总额（含捐赠物资折价）。

示例：

2021 年，中国建筑及其控股股东中国建筑集团有限公司对外捐赠总额 16540 万元。

—— 《中国建筑 2021 可持续发展报告》（P90）

V3.7 志愿服务绩效

【指标解读】：披露报告期内公司志愿服务的绩效，包括但不限于：人数、人次、时长、受益人数等。

示例：

关键指标	2019 年	2020 年	2021 年
志愿者活动次数（次）	>6000	>7000	>8000
累计志愿服务时间（万小时）	>13	>14	>16

——《中国建筑 2021 可持续发展报告》（P101）

（四）环境价值（V4）

2020 年，我国明确提出 2030 年实现"碳达峰"、2060 年实现"碳中和"的目标，并已上升为国家重大战略。在实现零碳发展的道路上，企业扮演着重要角色，承担着重要功能，必须积极采取行动。环境价值指公司在守护绿水青山、维护生态平衡等方面创造的价值，包括助力"双碳"目标和守护绿色生态等方面。

V4.1 碳达峰、碳中和战略与目标

【指标解读】：在国家"双碳"战略的引领下，公司内部制定的碳达峰、碳中和战略与目标。

示例：

中国建筑贯彻落实国家碳达峰、碳中和部署要求，从全局高度、长远角度做好"双碳"工作，培育壮大绿色低碳新兴产业，围绕做强做优做大绿色低碳专业细分领域补链、强链、拓链，努力成为建筑业"双碳"领域集规划、设计、建造、产品于一体的最优综合服务商，在国家"城乡建设碳达峰行动"中发挥重要引领和推动作用。

——《中国建筑 2021 可持续发展报告》（P71）

V4.2 碳达峰、碳中和行动计划与路径

【指标解读】：描述公司制定的碳达峰、碳中和方面的行动计划与实施路径。

示例：

中国建筑聚焦国家"双碳"目标，成立碳达峰碳中和领导小组和工作小组，启动碳达峰"个十百万千万"工程，发布《碳达峰行动方案》，提出碳达峰战略目标与战略路线；确定碳达峰九大任务，全面规划碳达峰具体实施路径。设立独立的绿色低碳研究机构，主导制定国家绿色建造领域标准，参与制定绿色建筑、近零能耗建筑、零碳建筑、零碳社区等多项国家标准，引领行业绿色低碳发展。

——《中国建筑 2022 可持续发展报告》（P27）

V4.3 减碳、降碳成效

【指标解读】：报告期内公司在减碳、降碳方面取得的进展与成效。

示例：

2021 年，公司旗下中海集团 2021 年总计改造空调智能控制 5807 台，累计改造 11156 台，项目覆盖率达到 91% 以上，每年可节省用电 903.6 万度，每年减少碳排放约 9000 吨二氧化碳。

——《中国建筑 2021 可持续发展报告》（P71）

V4.4 可持续建筑开发

【指标解读】：可持续建筑追求降低环境负荷、与环境相结合且有利于居住者健康，是以可持续发展观规划的建筑，内容包括从建筑材料、建筑物、城市区域规模大小等，到与这些有关的功能性、经济性、社会文化和生态因素。开发可持续建筑的措施，包括但不限于：提高再生路面中沥青混合料的比例、增加沙坑比例以促进生物多样性、对合格土地进行评估建造可持续建筑等。

示例：

中建滨湖设计总部（中建低碳智慧示范办公大楼）由中建西南院独立投资建设运营，中建四局承建。项目位于天府新区兴隆湖畔，全过程 BIM（建筑信息模型）设计，总建筑面积 7.8 万平方米，地上建筑面积 3.9 万平方米，是国家重点研发计划"绿色建筑及建筑工业化"重点专项科技示范工程，也是成都首个"近零碳建筑"。中建滨湖设计总部项目树立了绿色建造与运营的典范标杆，有利于培育绿色低碳文化。

——《中国建筑 2022 可持续发展报告》（P28）

V4.5 通过绿色建筑认证的情况

【指标解读】：绿色建筑认证是依据《绿色建筑评价标准》和《绿色建筑评价技术细则》，并按照《绿色建筑评价标识管理办法（试行）》，确认绿色建筑等级并进行信息性标识的评价活动。国际绿色建筑认证有美国 LEED、英国 BREEAM 等。本指标包括年度获得绿色建筑认证的项目数量（个）、可持续建筑认证比例（%）等。

示例：

上海建工在绿色施工领域保持着业界领先地位，近年来共获得国家科学技术奖 45 项、上海市科学技术奖 450 项、上海市绿色施工样板工程 278 项、住建部绿色施工科技示范工程 22 项。2021 年获得美国 LEED 认证项目和中国绿色建筑标识项目共计 6 项。

——《上海建工 2021 年社会责任暨环境、社会责任及公司治理报告》

（P34）

V4.6 守护绿色生态的行动举措

【指标解读】：守护绿色生态指的是企业单纯以保护环境为目的，开展植树造林、治污治沙、生物保护等守护绿色生态的行动。公司应描述报告期内为守护绿色生态所采取的行动举措。

示例：

中建西勘院与中国三峡集团合作，落实三峡大坝上下游生态修复示范区建设。在结合近坝段消落带植物群落分布、土壤特性等基础上，总结消落带植被修复经验，开展耐水淹植物筛选与培育实验，制定三峡库区不同水位消落带生态防护技术标准，最终建立三峡库区消落带植被生态修复示范工程，改善环境质量，提升生态系统质量和稳定性，有效推进长江经济带绿色发展。

——《中国建筑2020可持续发展报告》（P83）

V4.7 守护绿色生态的进展成效

【指标解读】：披露报告期内公司在守护绿色生态方面取得的进展成效。

示例：

由中建三局三公司建设的武汉市最大水环境综合治理工程、华中地区首条浅层污水传输隧道——黄孝河、机场河水环境综合治理二期PPP项目，其机场河截污箱涵工程于2021年3月贯通。项目是武汉市推进"四水共治"、恢复滨水生态绿城的重点项目，连通长江水循环，水系辐射面积约130平方公里，惠及周边200余万居民，建成后机场河污水可实现处理达标排放，有效改善机场河流域水环境整体面貌，助力长江大保护。项目入选全球基础设施中心项目库水务项目。

——《中国建筑2021可持续发展报告》（P75）

六、报告后记（A系列）

报告后记包括未来计划、关键绩效表、报告评价、参考索引和意见反馈五个议题（见图4-7）。

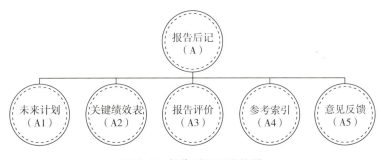

图4-7　报告后记下设议题

（一）未来计划（A1）

【指标解读】：描述公司 ESG 工作的整体思路与重点规划。

示例：

2022 年，全党全国人民将迎来党的二十大，中建集团也将迎来组建 40 周年重要节点。新起点呼唤新作为，中国建筑将更加紧密地团结在以习近平同志为核心的党中央周围，坚持以习近平新时代中国特色社会主义思想为指导，深入贯彻党的十九大、十九届历次全会和中央经济工作会议精神，深刻领会"两个确立"的决定性意义，增强"四个意识"、坚定"四个自信"、做到"两个维护"，运用好党史学习教育成果，将全体员工思想和行动统一到服务国家发展战略、推动企业高质量发展、高质量完成国企改革三年行动各项任务中，缔造幸福空间，"建证"美好时代。

推动党建优势转化为改革发展动能……深化企业改革，释放发展活力动能……持续调整和优化业务结构，注入发展新动能……加快打造原创技术策源地，壮大发展新动能……扎实稳妥推进"双碳"工作，培育长远发展的新动能……防范化解各类风险，更好统筹发展与安全……

——《中国建筑 2021 可持续发展报告》（P99）

（二）关键绩效表（A2）

【指标解读】：集中展示公司报告期内 ESG 关键量化指标的年度绩效。

示例：

类别	关键指标	2018年	2019年	2020年
	营业收入（亿元人民币）	11,993	14,198	16,150
	利税总额（亿元人民币）	1,271.7	1,432.6	1,467.4
	利润总额（亿元人民币）	717.9	814.7	942.9
	归属于上市公司股东的净利润（亿元人民币）	382.4	418.8	449.4
	建筑业务新签合同额（亿元人民币）	23,285	24,863	27,721
经济	年度施工面积（万平方米）	135,778	145,671	154,229
	年度新开工面积（万平方米）	37,145	38,301	34,239
	年度竣工面积（万平方米）	19,013	23,220	19,079
	年度地产业务合约销售额（亿元人民币）	2,986	3,826	4,287
	期末土地储备（万平方米）	10,460	12,166	11,637
	资产负债率（%）	76.9	75.3	73.7

——《中国建筑 2020 可持续发展报告》（P108）

（三）报告评价（A3）

【指标解读】：指 ESG 专家、行业专家、利益相关方、第三方机构等对 ESG 报告进行的综合评价。包括但不限于以下类别：

- 专家点评，由 ESG 研究专家或行业专家对 ESG 报告的科学性、可信性以及报告反映的公司 ESG 工作信息进行的个人点评。

- 利益相关方评价：由公司的利益相关方（股东、投资者、客户、供应商、员工、合作伙伴等）对公司 ESG 报告的科学性、可信性以及报告反映的公司 ESG 工作信息进行评价。

- 报告评级：由中国企业社会责任报告评级专家委员会依据评级标准对公司报告进行综合评价后，出具正式的评级报告。

- 报告审验：由专业机构审验/鉴证 ESG 报告的关键数据，出具审验/鉴证报告。

示例：

《中国建筑 2021 可持续发展报告》评级报告

受中国建筑委托，"中国企业社会责任报告评级专家委员会"抽选专家组成评级小组，对《中国建筑 2021 可持续发展报告》（以下简称《报告》）进行评级。

一、评级依据

中国社会科学院《中国企业社会责任报告指南之工程与建筑业（CASS-CSR 4.0）》暨"中国企业社会责任报告评级专家委员会"《中国企业社会责任报告评级标准（2020）》。

二、评级过程

1. 评级小组审核确认《报告》编写组提交的《企业社会责任报告过程性资料确认书》及相关证明材料；

2. 评级小组对《报告》编写过程及内容进行评价，拟定评级报告；

3. 评级专家委员会副主席、评级小组组长、评级小组专家共同签审评级报告。

三、评级结论

过程性（★★★★★）

公司企业文化部（党建工作部）牵头成立报告编制工作组，统筹具体编制工作并把控关键节点，党组书记、董事长审阅报告内容，董事会负责报告审议批准；将报告定位为强化利益相关方沟通、推进品牌文化建设的重要工具，功能价值定位明确；根据国家宏观政策、国际国内社会责任标准、行业发展趋势、公司发展战略、利益相关方调查等识别实质性议题；发布国别专项报告，并推动下属企业中海集团、中海地产、中国建筑国际、中海物业独立编发社会责任/ESG 报告，构建了多层次的报告体系；计划通过以官方网站发布报告，并将以电子版、印刷品、中英文版、H5 版的形式呈现报告，过程性表现卓越。

实质性（★★★★★）

《报告》系统披露了贯彻宏观政策、建筑质量管理、产品创新、按期交付工程、农民工权益保护、承包商管理、安全生产、建筑垃圾管理、绿色建筑等工程与建筑业关键议题，叙述详细充分，具有卓越的实质性表现。

完整性（★★★★★）

《报告》主体内容从"协调·为股东创造价值""创新·让发展充满动力""品质·对客户完美履约""绿色·建清洁低碳世界""共享·育生机活力队伍""开放·聚伙伴合力同行""幸福·增普惠民生福祉"等角度系统披露了工程与建筑业核心指标的 90.51%，完整性表现卓越。

平衡性（★★★★★）

《报告》披露了"员工流失率""亿元产值死亡率"等负面数据，并详细描述未按期召开成本分析会、某项目发生机械伤害事故的处置情况，平衡性表现卓越。

可比性（★★★★★）

《报告》披露了"利税总额""建筑业务新签合同额""对外捐赠金额""志愿者活动次数""环保培训人次"等 42 个关键指标连续 3 年的对比数据，并通过"位列 2021 年度ENR（《工程新闻记录》）'全球承包商 250 强'首位"等进行横向比较，具有卓越的可比性表现。

可读性（★★★★★）

《报告》以"建证百年"为主题，紧扣新发展理念谋篇布局，从七大篇章全面展现了关键履责议题上的年度进展与成效，框架结构清晰；封面设计以以国风形式绘出"中国建造之城"，融入七十年经典项目，呼应报告主题，增强了报告的辨识度；章节跨页嵌入叙述性引言及重点绩效，提纲聚领，利于读者快速把握关键信息；多处引入利益相关方感言佐证履责成效，可读性表现卓越。

创新性（★★★★★）

《报告》设置"初心使命""央企担当""世界一流"三大责任专题，展现企业在坚持党的领导、投身国家建设与改革发展、海外履责等方面的行动成效，彰显了中央企业的责任担当；设置"建证百年 同心筑梦"专栏，立体展示年度履责亮点，凸显了企业的责任引领与价值追求；修订《中国建筑社会责任指标管理手册》，编制《ESG 指标管理手册》《海外社会责任指标管理手册》，进一步完善社会责任管理体系，创新性表现卓越。

综合评级（★★★★★+）

经评级小组评价，《中国建筑 2021 可持续发展报告》的过程性、实质性、完整性、平衡性、可比性、可读性及创新性均达到五星级，综合为"五星佳"级，是企业社会责任报告中的典范。

中国建筑可持续发展报告连续七年获得五星级、连续第三年获得五星佳级评价

四、改进建议

增加行业核心指标的披露，提升报告的完整性。

评级专家委员会副主席

评级小组组长　　评级小组专家

出具时间：2022 年 4 月 12 日　　　扫码查看企业评级档案

——《中国建筑 2021 可持续发展报告》（P105）

（四）参考索引（A4）

【指标解读】：描述报告对 ESG 相关标准的回应情况，可以列表形式呈现报告内容对参考指南具体指标的回应。

示例：

报告目录	中国社科院CASS-CSR4.0对标	GRI Standards对标
绿色建造 打造生态竞争力		
加强环境管理	E1.1/E1.2/E1.5/E1.8/E3.1/E3.2	103-2
致力生态保护	E3.3	103-2/304-3
发展环保产业	M2.12/E1.7	103-2
推行绿色建造	E1.9/E2.1/E2.8/E2.13/E2.15/E2.21/E2.22	301-2/301-3/302-5/303-3/306-4
队伍建设 培育发展支撑力		
保障员工权益	S2.1/S2.2/S2.3/S2.4/S2.7/S2.8/S2.10/S2.20	102-35/401-1/401-2
畅通发展渠道	S2.14/S2.15/S2.16	404-1/404-2/404-3
筑牢安全防线	S2.11/S3.1/S3.3/S3.4	403-2/410-1
平衡工作生活	S2.12/S2.17/S2.18	201-3/401-2
合力同行 增强伙伴凝聚力		
打造责任链条	M3.1/M3.8/M3.10	308-1/308-2/414-1
互信互利共赢		102-13
惠泽民生 提高责任担当力		
助力区域繁荣		203-1/413-1
关爱留守儿童	S4.9	103-2
保护农民工权益	S4.2	103-2
参与社区建设	S4.1/S4.6	103-2/203-1/413-1
社会责任管理	P4.1/G1.1/G1.2/G2.3/G2.4/G4.2/G4.3/G6.1/G6.2/G6.3	102-16/102-29/102-37/102-40/102-41/102-43/102-44
展望2021	A1	
关键绩效	M1.6/M2.6/S2.5/S2.15/S2.20/S3.6/S4.11/A2	401-1/403-2/404-2
专家点评	A4	
报告评级	A4	
第三方审验	P1.1	102-56
报告指标索引	A5	102-55
意见反馈	A6	102-53

——《中国建筑2020可持续发展报告》（P117）

（五）意见反馈（A5）

【指标解读】：指读者意见调查表及读者意见反馈渠道。

示例：

◇ 意见反馈

尊敬的利益相关方：

您好！感谢您在百忙之中阅读我们的报告。报告在编写过程中难免存在疏漏与瑕疵。为持续改进中国建筑社会责任工作、提高报告编写质量，我们希望得到您对中国建筑社会责任工作及本报告的宝贵意见和建议。我们期待您的评价及分享，再次感谢您对我们工作的支持！

请扫描二维码
填写反馈意见表

中建蓝宝

1.以下哪个利益相关方最切合您的身份？

☐客户　☐政府部门　☐员工　☐供应商（广义，包括承包商等）
☐环保组织/NGO组织　☐媒体　☐福利团体　☐公众　☐其他

2.您对中国建筑可持续发展报告的总体评价是？

☐很好　☐较好　☐一般　☐较差　☐很差

3.您认为本报告：

	很好	较好	一般	较差	很差
信息披露					
版式设计					
可读性					

4.哪一章节最切合您的需要？

5.哪些议题最引起您的关注？

6.您对本报告或我们的表现，还有哪些意见或建议？

——《中国建筑 2019 可持续发展报告》（P112）

第五章　环境绩效指标计算

公司在编制 ESG 报告时，环境风险管理维度下部分绩效指标的统计和计算难度较高，本章将对环境风险管理的部分关键绩效指标的数据来源及计算方法进行解读，为公司披露相关数据提供方法与工具。

一、环境管理

（一）环保投入

环保投入主要包括环保设施建设费、环保设施运行和维护费用、建设项目环评费用、清洁生产审核费、废弃物处置费、环境监测费、排污费和污水处理费、环保培训费等各类费用之和。数据来自公司内部相关数据的加总。

二、资源利用

（一）能源消耗量

能源消耗量包括直接能源消耗量和间接能源消耗量。除披露消耗总量外，还可按照国别/地区、业务类别等披露不同情况下的能源消耗量。

1. 数据收集

为确保数据收集涵盖所有相关能源，公司应构建能源清单，包含但不限于以下项目：

●公司拥有或控制的燃烧燃料设备，如锅炉、熔炉、加热器、涡轮、信号弹、焚化炉、发电机或机动车；

●公司拥有或控制的耗用电力、暖气、冷气及蒸汽的场地及设施；

●公司拥有或控制的产生可再生能源的设备，如太阳能板。

在适用的情况下，收集以下项目的数据：

●从外部源头购买及耗用的易燃燃料数量（如以公升或千克计算）；

●从外部源头购买及耗用的间接能源（电力、暖气、冷气及蒸汽）数量（千瓦时或焦耳的倍数）；

●来自公司拥有或控制的设备的内部产生能源数量（千瓦时或焦耳的倍数）；

●向第三方出售的能源（电力、暖气、冷气及蒸汽）数量（千瓦时或焦耳的倍数）。

2. 计算方法①

方法一（按照千瓦时计算）：

公司应划定披露数据范围，原则上以自然年为单位。如有特殊情况，需解释说明。

$$能源消耗量＝NRF+RF+PE+SGE-ES$$

其中：

NRF＝（直接）不可再生燃料消耗量；

RF＝（直接）可再生能源消耗量；

PE＝（间接）外购消耗的电力、暖气、冷气及蒸汽；

SGE＝（直接）自行发电、制暖、制冷及生成蒸汽；

ES＝（直接）出售的暖气、冷气及蒸汽。

---

① 两种计算方法都适用，公司可自行选取。方法一参考香港交易所《如何准备环境、社会及管治报告》（附录二：环境关键绩效指标汇报指引）、全球报告倡议组织 GRI Standards 302 能源（2016）；方法二主要参考《综合能耗计算通则》（GB/T 2589—2020），数据单位转化为千瓦时的参数取自国际能源署发布的《能源数据手册》（附录三）；各种能源折标准煤参考系数详见《中国能源统计年鉴》（2020）。

计算时，公司要将所收集数据的单位转换为千瓦时，可采用国际能源署发布的《能源数据手册》的转换因子，或使用其他数值（需注明数据来源）。

表 5-1　NRF 易燃燃料的总热值

NRF 易燃燃料	公升/吨	总热值（千兆焦耳/吨）
石油	1350	47.10
柴油	1185	45.66

1 千兆焦耳 = 277.778 千瓦时

1 万亿焦耳 = 0.2778 吉瓦时

转化路径：能源用量→能源热量（焦耳）→能源热量（兆瓦时）

例如，1000 公升柴油的能量计算方法为：

$$\frac{1000（公升）}{1185（公升/吨）} \times 45.66（千兆焦耳/吨） \times 277.778 = 10703 千瓦时$$

方法二（按照折合标准煤数量计算）[①]：

能源消耗量还可以折合为标准煤计算，即将各种能源折算为标准煤。标准煤是计算能源总量的一种模拟的综合计算单位。按照 GB/T 3102.4 国际蒸汽表卡换算，低位发热量等于 29307.6 千焦（kJ）[7000 千卡（kcal）]的燃料，称为 1 千克标准煤（1 kgce）。

$$E = \sum_{i=1}^{n}（E_i \times k_i）$$

其中：

E = 能源消耗量；

n = 消耗的能源种类数；

E_i = 公司生产与服务活动中实际消耗的第 i 种能源量（含耗能工质消耗的能源量）；

K_i = 第 i 种能源折合标准煤的系数。

$$K_i = \frac{第 i 种能源每千克实际热值（千卡/千克）}{7000（千卡/千克）}$$

---

① 参考系数来源：《中国能源统计年鉴》（2020）。

平均热值也称平均发热量，是指不同种类或品种的能源实测发热量的加权平均值。计算公式为：

平均热值（千卡/千克）=［Σ（某种能源实测低位发热量）×能源使用数量］÷能源总量

表5-2 按能源类别划分的折标准煤系数

能源类别	平均低位发热量	折标准煤系数
汽油	43070 千焦/（10300 千卡）/千克	1.4714 千克标准煤/千克
柴油	42652 千焦/（10200 千卡）/千克	1.4571 千克标准煤/千克
液化石油气	50179 千焦/（12000 千卡）/千克	1.7143 千克标准煤/千克
天然气	32238~38931 千焦/（7700~9310 千卡）/立方米	1.1000~1.3300 千克标准煤/立方米

（二）清洁能源使用量

清洁能源包括太阳能、风能、水能、地热、潮汐、沼气、天然气等。根据各类记录材料汇总得出总量。

（三）新鲜水用水量

包括公司从各种水源提取的被初次利用的水量，包括地表水、地下水（不包括海水、苦咸水和污水等），以及第三方供水（如自来水、蒸汽、化学水等），不包括公司外供水和水产品而取用的水量。

计算方法[①]：

$$V_{xs} = \sum_{i=1}^{n} (V_{qsi} - V_{gsi}) + \sum_{j=1}^{m} k_j \cdot (D_{qscj} - D_{gscj})/\rho$$

---

① 计算方法参考《石油企业耗能用水统计指标与计算方法》（SY/T 6722—2016）。

其中：

V_{xs}＝新水量，单位为立方米（m^3）；

V_{qsi}＝提取第 i 种类型的水量（包括外购），单位为立方米（m^3）；

V_{gsi}＝公司对外供给的第 i 种类型的水量，单位为立方米（m^3）；

n＝水的种类数；

k_j＝第 j 种类型水产品制取（折算）系数；

D_{qscj}＝外购第 j 种类型水产品的量，单位为吨（t）；

D_{gscj}＝供给公司外的第 j 种类型水产品的量，单位为吨（t）；

m＝水产品的种类数；

ρ＝水的密度（水密度取 1 t/m^3），单位为吨每立方米（t/m^3）。

（四）节水量

计算方法[①]：

方法一（产品（工作量）单耗法）：

$$\Delta W = (H_b - H_j) \cdot G_b$$

其中：

ΔW＝节水量，单位为万立方米（$10^4 m^3$）；

H_b＝基期用水单耗指标；

H_j＝报告期用水单耗指标；

G_b＝报告期产出的合格产品数量或工作量。

方法二（产值单耗法）：

$$\Delta W = (H_{czb} - H_{czj}) \cdot R_{czb} \times 10^{-4}$$

其中：

H_{czb}＝报告期单位工业产值新水量，单位为立方米每万元（$m^3/10^4$ 元）；

H_{czj}＝基期单位工业产值新水量，单位为立方米每万元（$m^3/10^4$ 元）；

R_{czb}＝报告期工业产值。

---

① 方法论参考来源：（1）计算方法一和二参考《石油企业耗能用水统计指标与计算方法》（SY/T 6722—2016）；（2）计算方法三参考《项目节水量计算导则》（GB/T 34148—2017）。

方法三（项目节水量计算方法）：

$$\Delta W_s = W_a - W_r$$

其中：

ΔW_s = 项目节水量，单位为立方米（m^3）；

W_a = 校准取水量，单位为立方米（m^3）；

W_r = 统计期内取水量，单位为立方米（m^3）。

（五）循环用水量

公司循环用水量数据主要根据公司各类记录加总计算。

（六）绿色办公绩效

包括公司办公消耗的电量、水量、纸张等。数据来自公司内部相关数据的加总。

三、排放

（一）废水排放量

工业企业不仅应披露废水排放量，还应披露废水污染物产生或排放量。公司应以重量、倍数等表示其工业废水量、化学需氧量（COD）、氨氮（NH3-N）、总磷（以 P 计）、总氮（以 N 计）等废水及主要废水污染物排放情况，并说明所使用排放因子的来源、标准、方法、假设及计算工具。水污染物具体类别可参见《水污染物名称代码》（HJ 525—2009）。

计算方法[①]：

废水排放量及废水污染物产生或排放量（如适用）的计算可参考生态环境部《排放源统计调查产排污核算方法和系数手册》中的"工业源产排污

[①]　方法论参考来源：《排放源统计调查产排污核算方法和系数手册》。

核算方法和系数手册"。各类数据统计可以采取重点调查单位逐家核算与非重点调查单位按区域整体核算相结合的方式。

- **重点调查单位废水排放量核算**

核算方法包含监测数据法、产排污系数法（含物料衡算法）两种，按照优先级顺序选择使用。具体参见《排放源统计调查产排污核算方法和系数手册》。

- **非重点调查废水污染物排放量核算**

工业源非重点调查单位的公司，核算内容包含废水主要污染物排放量，以地市级行政区域为单元宏观核算。

（二）废气排放量

包含公司生产废气排放以及移动源排放数据。

计算方法①

废气排放量的计算可参考生态环境部《排放源统计调查产排污核算方法和系数手册》中的"工业源产排污核算方法和系数手册"。工业源采取重点调查单位逐家核算与非重点调查单位按区域整体核算相结合的方式。工业源污染物产排量等于重点调查单位产排量与非重点调查单位产排量累加数额。

- **重点调查单位废气排放量核算**

核算方法包含监测数据法、产排污系数法（含物料衡算法）两种，按照优先级顺序选择使用。具体参照《排放源统计调查产排污核算方法和系数手册》。

- **非重点调查废气排放量核算**

非重点废气污染物与生活源合并核算，纳入生活源污染物总量。

（三）一般废弃物排放量

一般废弃物包括公司在生产、生活和其他活动中产生的丧失原有利用价值或者虽未丧失利用价值但被抛弃或者放弃的固态、半固态和置于容器中的

---

① 方法论参考来源：《排放源统计调查产排污核算方法和系数手册》。

气态的物品、物质以及法律、行政法规规定纳入固体废物管理的物品、物质，未被列入《国家危险废物名录》。

计算方法：

方法一：实测法

实际测量报告期内公司产生和处置的一般废弃物排放量。

方法二：物料衡算法

根据物质不灭定律，在生产过程中投入的物料量等于产品重量和物料流失量的总和。

$$\sum G = \sum G1 - \sum G2$$

其中：

$\sum G$ = 物料或产品流失重量之和；

$\sum G1$ = 投入物料量总和；

$\sum G2$ = 所得产品量总和。

（四）危险废弃物排放量

危险废弃物指列入国家危险废物名录或根据国家规定的危险废物鉴定标准和鉴定方法认定的具有危险废物特性的废物。具体名录参见中华人民共和国生态环境部颁发的《国家危险废物名录（2021 年版）》[①]。数据来自所有可获得的危险废弃物的数量之和。

（五）废弃物回收利用绩效

废弃物包括废旧金属、报废电子产品、报废机电设备及其零部件、废造纸原料（如废纸、废棉等）、废轻工原料（如橡胶、塑料、农药包装物、动物杂骨、毛发等）、废玻璃等。数据来自公司内部相关数据的加总。

---

① https://www.mee.gov.cn/gzk/gz/202112/t20211213_963867.shtml。

四、应对气候变化

（一）直接温室气体排放量

温室气体是指任何会吸收和释放红外线辐射并存在大气中的气体。《联合国气候变化框架公约的京都议定书》规定的 6 种温室气体为：二氧化碳（CO_2）、甲烷（CH_4）、氧化亚氮（N_2O）、氢氟碳化物（HFC）、全氟碳化合物（PFC）、六氟化硫（SF_6）。

根据参考标准不同，提供两种计算方法供企业参考。

计算方法：

方法一：

方法论参考 ISO 14064-1《组织层次上对温室气体排放和清除的量化和报告的规范及指南》《温室气体核算体系：企业核算与报告标准》，主要计算二氧化碳（CO_2）、甲烷（CH_4）、氧化亚氮（N_2O）三类气体排放量。公式为：温室气体直接排放量（$kg\ CO_2e$）= CO_2 排放量+CH_4 排放量+N_2O 排放量。

$$二氧化碳排放当量（E）= A×NCV×EF×GWP$$

其中：

E = 排放量；

A = 消耗量；

NCV = 平均低位热值（取自《中国能源统计年鉴 2020》）；

EF = 二氧化碳排放系数（取自《IPCC 国家温室气体清单指南》2019 修订版）；

GWP = 全球变暖潜能值（CO_2 = 1，CH_4 = 21，N_2O = 310）。

表 5-3　按燃料类别划分的排放系数

燃料类别	计量单位	平均低位发热值 (GJ/t, GJ/10⁴m³)	CO_2 排放系数 (kgCO₂/TJ)	CH_4 排放系数 (kgCH₄/TJ)	N_2O 排放系数 (kgN₂O/TJ)	CO_2 排放因子 (kgCO₂/kg, kgCO₂/10⁴m³)	CH_4 排放因子 (kgCO₂/kg, kgCO₂/10⁴m³)	N_2O 排放因子 (kgCO₂/kg, kgCO₂/10⁴m³)	总排放因子 (kgCO₂e/kg, kgCO₂e/10⁴m³)
柴油	t	42.652	74100	3	0.6	3.1605	0.0001280	0.000025591	3.1711
车用汽油	t	43.07	69300	25	8	2.9848	0.0010768	0.00034456	3.1084
液化石油气	t	50.179	63100	1	0.1	3.1663	0.0000502	0.000050179	3.1691
天然气	10⁴m³	389.31	56100	1	0.1	21840.2910	0.38931000	0.038931	21862.2870

方法二[1]：

方法论参考香港交易所《如何准备环境、社会及管治报告》（附录二：环境关键绩效指标汇报指引）。由发行人操控及/或营运地点范围内的设备直接排放的温室气体主要来自以下活动：

• 固定源（电力装置除外）燃烧燃料用以产生电力、热能或蒸汽时的燃料燃烧。如发电机、锅炉和气体煮食炉等；

• 由公司控制的流动源（例如车辆和船）燃烧燃料；

• 设备及系统运作时有意或无意地释放的温室气体。如使用冷冻和空调设备时释放的氢氟碳化物（HFC）及全氟化碳（PFC）以及其他逃逸性排放；

• 亦可汇报温室气体排放/减除，如二氧化碳（CO_2）通过种植树木的同化作用转化为生物质。

表5-4 范围1——直接温室气体排放

范围1排放主要类别	数据收集
A. 固定源的燃料燃烧所致的温室气体排放	消耗燃料单位
B. 流动源的燃料燃烧所致的温室气体排放	消耗燃料单位
C. 氢氟碳化物及全氟化碳排放	报告期开始时制冷剂的存量、报告期间制冷剂增加的存量、采用对环保方法弃置的制冷剂量及报告期完结时制冷剂的存量
D. 新种植树木减除温室气体	自有关建筑物兴建后新种植树木数目

计算：

A. 固定源的温室气体排放

➤ 二氧化碳（CO_2）

$$二氧化碳当量排放（E）= A×EF$$

其中：

A=燃料消耗量（某种燃料的容量或重量）。

EF=二氧化碳排放系数（见表5-5）。

---

① 资料来源：香港交易所《如何准备环境、社会及管治报告》（附录二：环境关键绩效指标汇报指引）。

表 5-5　按燃料类别划分的二氧化碳排放系数（固定燃烧源）

燃料类别	排放系数	排放系数单位
柴油	2.614	千克/公升
液化石油气	3.017	千克/千克
煤油	2.429	千克/公升
木炭	2.97	千克/千克
煤气	2.549	千克/单位

➤ 甲烷（CH_4）/氧化亚氮（N_2O）

二氧化碳当量排放（E）＝A×EF×GWP

其中：

E＝排放量，把所有曾采用的燃料类别相加后，以二氧化碳当量（千克）为单位表达；

A＝燃料消耗量（某种燃料的容量或重量）；

EF＝甲烷（CH_4）/氧化亚氮（N_2O）排放系数（见表 5-6、表 5-7）；

GWP＝全球变暖潜能值（CH_4＝21，N_2O＝310）。

表 5-6　按燃料类别划分的甲烷（CH_4）排放系数（固定燃烧源）

燃料类别	排放系数	排放系数单位
柴油	0.000239	千克/公升
液化石油气	0.0002	千克/千克
煤油	0.0000241	千克/公升
木炭	0.005529	千克/千克
煤气	0.0000446	千克/单位

表 5-7　按燃料类别划分的氧化亚氮（N_2O）排放系数（固定燃烧源）

燃料类别	排放系数	排放系数单位
柴油	0.0000074	千克/公升
液化石油气	0	千克/千克

续表

燃料类别	排放系数	排放系数单位
煤油	0.0000076	千克/公升
木炭	0.0000276	千克/千克
煤气	0.000099	千克/单位

B. 流动燃烧源的温室气体排放（陆上、航空及水上运输）

➤ 二氧化碳（CO_2）

$$二氧化碳当量排放（E）= A×EF$$

其中：

A＝燃料消耗量（以该种运输工具种类及车辆类别所使用的燃料的容量（例如公升）为单位表达）；

EF＝二氧化碳排放系数（见表5-8）。

表5-8　按燃料类别划分的二氧化碳排放系数（流动燃烧源）

燃料类别	排放系数	排放系数单位
柴油	2.614	千克/公升
无铅汽油	2.36	千克/公升
液化石油气	1.679	千克/公升
	3.017	千克/千克
汽油（船舶用）	2.645	千克/单位
煤油（含喷射煤油）	2.429	千克/公升

➤ 甲烷（CH_4）/氧化亚氮（N_2O）

$$二氧化碳当量排放（E）= A×EF×GWP$$

其中：

E＝排放量，按所有运输工具种类和车辆类别，把所有曾采用的燃料类别相加后，以二氧化碳当量（千克）为单位表达；

A＝燃料消耗量（以该种运输工具种类及车辆类别所使用的燃料的容量

（例如公升）为单位表达）；

EF＝甲烷（CH_4）/氧化亚氮（N_2O）排放系数（见表 5-9、表 5-10）；

GWP＝甲烷的全球变暖潜能值（同上：CH_4＝21；N_2O＝310）。

表 5-9 甲烷（CH_4）排放系数（流动燃烧源）

车辆类型	燃料类别	排放系数	排放系数单位
电单车	无铅汽油	0.001422	千克/公升
私家车	无铅汽油	0.000253	千克/公升
	柴油	0.00072	千克/公升
私人货车	无铅汽油	0.000203	千克/公升
	柴油	0.000072	千克/公升
	液化石油气	0.000248	千克/公升
公共小型巴士	柴油	0.000072	千克/公升
	液化石油气	0.000248	千克/公升
轻型货车	无铅汽油	0.000203	千克/公升
	柴油	0.000072	千克/公升
中型货车	柴油	0.000145	千克/公升
重型货车	柴油	0.000145	千克/公升
船舶	汽油	0.000146	千克/公升
航空交通	喷射煤油	0.000069	千克/公升
其他移动机器	柴油	0.0000239	千克/公升
	液化石油气	0.0000036	千克/公升
		0.000006	千克/公升
	煤油	0.0000241	千克/公升

表 5-10 氧化亚氮（N_2O）排放系数（流动燃烧源）

车辆类型	燃料类别	排放系数	排放系数单位
电单车	无铅汽油	0.000046	千克/公升
私家车	无铅汽油	0.001105	千克/公升
	柴油	0.00011	千克/公升

车辆类型	燃料类别	排放系数	排放系数单位
私人货车	无铅汽油	0.00114	千克/公升
	柴油	0.000506	千克/公升
	液化石油气	0	千克/公升
公共小型巴士	柴油	0.000506	千克/公升
	液化石油气	0	千克/公升
轻型货车	无铅汽油	0.001105	千克/公升
	柴油	0.000506	千克/公升
中型货车	柴油	0.000072	千克/公升
重型货车	柴油	0.000072	千克/公升
船舶	汽油	0.001095	千克/公升
航空交通	喷射煤油	0	千克/公升
其他移动机器	柴油	0.000007	千克/公升
	液化石油气	0	千克/公升
	煤油	0.0000076	千克/公升

C. 制冷/空调设备（通常称为制冷剂）的氢氟碳化物（HFC）和全氟化碳（PFC）排放

二氧化碳当量排放（E）＝（Cs+Ci-Cd-Ce）×GWP

其中：

E＝设备运作期间因制冷剂释放所造成的排放（以二氧化碳当量为单位）（千克）；

Cs＝报告期开始时制冷剂的存量（储存而非在设备内）（千克）；

Ci＝报告期间制冷剂增加的存量（千克）；

Cd＝报告期间采用对环境负责方法弃置/回收的制冷剂量（千克）；

Ce＝报告期完结时制冷剂的存量（储存而非在设备内）（千克）；

GWP＝全球变暖潜能值（各种制冷剂的全球变暖潜能值见表5-11）。

表 5-11 常见的制冷/空调系统制冷剂的全球变暖潜能值

制冷剂/ 混合剂型号	全球变暖 潜能值	制冷剂/ 混合剂型号	全球变暖 潜能值	制冷剂/ 混合剂型号	全球变暖 潜能值
HCFC-21	148	HFC-152	16	R-407A	1770
HCFC-22	1760	HFC-152a	138	R-407B	2285
HCFC-123	79	HFC-161	4	R-407C	1526
HCFC-124	527	HFC-227ea	3350	R-407D	1428
HCFC-141b	782	HFC-236cb	1210	R-407E	1363
HCFC-142b	1980	HFC-236ea	1330	R-410A	1725
HCFC-225ca	127	HFC-236fa	8060	R-410B	1833
HCFC-225cb	525	HFC-245ca	716	R-507	3300
HFC-23	12400	HFC-245fa	858	R-507A	3300
HFC-41	116	HFC-365mfc	804	R-508A	10175
HFC-4310mee	1650	PFC-14	6630	R-508B	10350
HFC-125	3170	PFC-116	11100		
HFC-134	1120	PFC-218	8900		
HFC-134a	1300	PFC-318	9540		
HFC-143	328	PFC-31-10	9200		
HFC-143a	4800	PFC-41-12	8550		

注：以下国际参考资料载有更新的数据，企业可按需自选：（1）《美国国家环境保护局的排放因子温室气体清单》（第 5 页）；（2）《欧盟对含氟温室气体设备进口商的指引》（第 40 页）。

资料来源：环境保护署（2010）。

D. 新种植树木的温室气体减除

$$二氧化碳减除量（R）= T×RF$$

其中：

R = 树木一年减除的二氧化碳（CO_2）量（千克）；

T = 自有关建筑物兴建后额外种植的树木净数；

RF = 每棵种植树木的二氧化碳减除系数。

表 5-12　额外种植的树木的二氧化碳减除系数

额外种植的树木	减除系数	减除系数单位
树木	23	千克/棵树

资料来源：根据香港环境保护署《香港建筑物（商业、住宅或公共用途）温室气体排放及减除的核算和报告指引》，此减除系数适用在香港普遍可以达到至少 5 米的树木。

（二）间接温室气体排放量

间接温室气体排放是指公司耗用外购电力、热力等资源产生的温室气体排放。

计算方法：

$$外购电力二氧化碳当量排放（E）= Q×EF$$

其中：

E＝以二氧化碳当量（吨）表达的排放量；

Q＝购买的电量；

EF＝排放系数。

表 5-13　2019 年度减排项目中国区域电网基准线排放因子

区域电网	$EF_{grid,OM\ Simple,y}$（tCO_2/MWh）	$EF_{grid,BM,y}$（tCO_2/MWh）	省份
华北区域电网	0.9419	0.4819	北京、天津、河北、山西、山东、内蒙古
东北区域电网	1.0826	0.2399	辽宁、吉林、黑龙江
华东区域电网	0.7921	0.3870	上海、江苏、浙江、安徽、福建
华中区域电网	0.8587	0.2854	河南、湖北、湖南、江西、四川、重庆
西北区域电网	0.8922	0.4407	陕西、甘肃、青海、宁夏、新疆
南方区域电网	0.8042	0.2135	广东、广西、云南、贵州、海南

注：其中，OM 为 2015~2017 年电量边际排放因子的加权平均值；BM 为截至 2017 年统计数据的容量边际排放因子。

资料来源：中华人民共和国生态环境部：2019 年度减排项目中国区域电网基准线排放因子［EB/OL］. https：//www.mee.gov.cn/ywgz/ydqhbh/wsqtkz/202012/t20201229_815386.shtml.

$$外购热力二氧化碳当量排放（E）= Q×EF$$

其中：

E＝以二氧化碳当量（吨）表达的排放量；

Q＝购买的热量；

EF＝排放系数。

表5-14 外购热力二氧化碳排放因子

类别	排放系数	排放系数单位
热力	0.11	tCO_2/GJ

注：给出参考热力排放因子为 0.11 tCO_2/GJ。部分省、市、自治区地方标准明确了热力排放因子。例如，上海市地方标准规定热力排放因子为 0.06 tCO_2/GJ，天津市地方标准规定热力排放因子为 0.096 tCO_2/GJ。

资料来源：《国家发展与改革委温室气体排放核算方法与报告指南》。

（三）其他温室气体排放量

本部分主要包括公司之外，产业链上游及下游的温室气体排放。《温室气体核算体系：企业供应链（范围3）核算与报告标准》规定了15类范围3排放，对应香港交易所《环境、社会及管治报告指引》温室气体范畴3。企业可根据发展阶段，选择性披露本项指标。

计算方法[①]：

表5-15 范围3——其他间接温室气体排放

引致间接温室气体排放的活动（示例）	数据收集
弃置到堆填区的废纸	在报告期开始时纸张的存货量、在报告期纸张存货增加的数量、回收纸张循环再造的数量及报告期完结时纸张的存货量
政府部门处理食水及污水时而消耗的电力	耗水量（水费单上所示）
雇员乘坐飞机出外公干	航空旅程的详情（如出发及抵达的机场、舱位等级）

---

① 资料来源：香港交易所《如何准备环境、社会及管治报告》（附录二：环境关键绩效指标汇报指引）。

计算：

A. 弃置到堆填区的废纸：

$$二氧化碳当量排放（E）=（Ps+Pi-Pr-Pe）×EF$$

其中：

E＝以二氧化碳当量（千克）表达的排放量；

Ps＝在报告期开始时纸张的存货量（贮存量）（千克）；

Pi＝在报告期纸张存货增加的数量（千克）；

Pr＝回收纸张循环再造的数量（千克）；

Pe＝报告期完结时纸张的存货量（贮存量）（千克）；

EF＝4.8千克二氧化碳当量/千克（计及废纸的碳含量和甲烷（CH_4）的全球变暖潜能值）。

B. 政府部门使用电力处理食水及污水所引致的温室气体排放

• 食水处理

$$二氧化碳当量排放（E）＝A×EF$$

其中：

E＝以二氧化碳当量（千克）表达的排放量；

A＝耗水量（水费单上所示）；

EF＝食水每单位耗电量×购置电力预设排放系数（0.7千克/千瓦时）。

• 污水处理

$$二氧化碳当量排放（E）＝A×EF$$

其中：

E＝以二氧化碳当量（千克）表达的排放量；

A＝耗水量（水费单上所示）；

EF＝预设排放系数（见表5-16）。

表5-16　预设排放系数根据耗水用途厘定

源头的描述	预设排放系数（千克/立方米）
餐厅和饮食服务	（0.7×排放系数）假设70%的食水会排放到公共污水渠
其他商业/住宅及公共用途	（1.0×排放系数）假设100%的食水会排放到公共污水渠

（四）温室气体排放强度

公司直接与间接温室气体排放总量与特定指标的比值。

计算方法：

依据温室气体排放量与公司特定指标之比。特定指标包括公司产量（如吨、升或兆瓦时）、雇员（如员工人数）及货币单位（如收入或销售额）。例如，以产品为单位，计算每单位产生的 CO_2 排放吨数；以服务为单位，计算每项功能或每项服务产生的 CO_2 排放吨数；以销售额为单位，计算每笔销售额产生的 CO_2 排放吨数）。

$$二氧化碳排放强度(F) = E/U$$

其中：

F＝二氧化碳（CO_2）排放强度；

E＝排放量，所有曾使用的燃料类别相加后以二氧化碳当量（千克）为单位表达；

U＝特定指标。

第六章　ESG 报告流程管理

ESG 报告拥有一套系统、规范的编制流程，重视和加强流程管控，不断优化和做实报告过程管理，有益于质量提升。ESG 报告编制的完整流程包括组织、策划、识别、研究、启动、编制、鉴证、发布、总结九个环节（见图6-1）。

第1步，组织。搭建起高层挂帅、关键部门参与、高效协同的组织体系，奠定 ESG 报告编制的组织基础。

第2步，策划。正确定位报告功能与价值，对报告编制工作进行系统谋划，确保目标明确、主题清晰、资源匹配得当。

第3步，识别。通过标准研究、行业对标、调研访谈等，掌握内外部利益相关方关注重点内容，依据对公司发展的重要性、对利益相关方的重要性两个维度，构建公司 ESG 重大议题矩阵。

第4步，研究。通过标准研究、行业对标、专家征询等，并结合公司 ESG 工作特点，制定 ESG 报告框架，构建指标体系，制作资料清单，夯实编写基础。

第5步，启动。召开报告编制启动会，可讲解 ESG 的发展形势以及 ESG 报告的重要性、基本内容、相关标准等，并就 ESG 报告的编制思路、任务分工、进度安排等进行统一部署，向总部职能部门和下属单位下发资料清单，确保参编部门形成统一认识。

第6步，编制。收集整理总部职能部门和下属单位提报的相关素材，撰写报告内容，并完成报告可视化设计等工作。

第7步，鉴证。报告编制完成后，可进行 ESG 报告鉴证，如向"中国企业社会责任报告评级专家委员会"申请 ESG 报告评级。

第8步，发布。通过线上或线下渠道向社会公开报告，发挥报告沟通功能，实现与利益相关方的交流互动。

第9步，总结。以报告编制组为核心，组织报告复盘，对报告编制工作进行总结，并就报告编制过程中内外部利益相关方给予的关注、意见和建议进行梳理和反馈，实现报告编制工作闭环提升。

图 6-1 ESG 报告流程管理模型

一、组织

（一）工作组组建原则

工作组是 ESG 报告编制的责任主体，是任务分配、工作协同、资源调配的"指挥部"，统筹、主导并参与报告编制的全过程。工作组的队伍构成、运作水平将直接决定报告编制的效率与质量。因此，需要建立权责清晰、分工合理的工作团队来提高 ESG 报告质量与效率。

工作组的组建应秉承以下原则：

1. 高层挂帅

公司管理层的参与是编制高质量 ESG 报告的关键，公司管理层中应当至少有一名成员深度参与报告编制工作组，并担任组长，以确保将 ESG 报告与公司战略、文化相结合，提升报告的战略高度；有效协调资源，调动各部门、各下属公司参与的积极性与主动性，保障报告编制工作顺畅推进。同时，由于监管机构、评级机构等对于董事会在 ESG 工作中的参与强度与深度有明确要求，董事会应当作为 ESG 报告的最高决策机构，审核报告定位、核心内容等。

2. 各级联动

ESG 报告的信息范围往往包含公司的所有职能部门和业务条线，或可延伸至几十乃至数百个分子公司，需要各层级、各条线全面参与。因此，ESG 报告工作组的组建需要遵循上下联动的原则，除主责部门外，其他平级的业务部门、职能部门需明确参与人员，各级分/子公司也需指定专人参与，便于及时协调、高效联动。

3. 内外结合

ESG 报告编写有较强的专业性，外部 ESG 专家能够帮助公司提升报告编制的规范性、科学性。建立工作组应该坚持内外结合的原则，借用专业力量，帮助公司实现高质量的 ESG 信息披露。外部专家参与可分为两种形式：一是由外部专家组建团队编写报告，内部责任部门负责提供资料、参与讨论、征询高管及董事会意见等；二是内部责任部门牵头编写工作，外部专家在关键环节参与讨论，提出专业意见，帮助公司完善报告。

（二）工作组职责分工

ESG 定期报告内容涉及范围较广，涵盖各个部门的工作内容，因此在明确了规范要求以及具体框架后，需组建 ESG 工作小组。一般 ESG 工作小组由核心团队和协作团队共同组成。其中，核心团队包括公司高管、牵头部门和 ESG 专家。ESG 报告的牵头部门通常是公司 ESG 工作的统筹部门，应当选择统筹能力、资源调动能力强，能够了解公司全局的部门。牵头部门负责统筹协调以及资料汇总收集工作，与公司高管、ESG 专家、协作团队保持沟通。协作团队包括总部各相关职能部门 ESG 联络员、下属公司 ESG 联络员，负责具体数据信息的填写申报、相关资料提供以及部分内容审核，通常应当将合规、安全、人力、环保、采购、销售等总部职能部门全部纳入。如图6-2 所示。

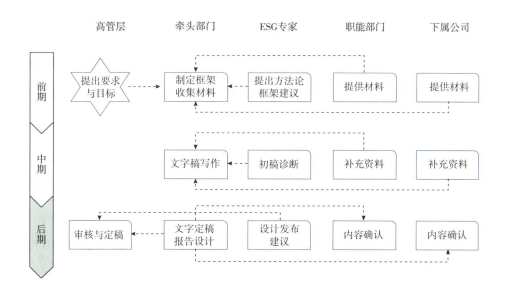

图6-2 工作组成员与分工

（三）工作组运作机制

工作组需要建立运作机制，以使全体成员在素材搜集、内容支持、沟通协调等方面高效协作。运作机制主要包括以下几种类型：

1. 专项会议

在报告编制的重要节点，如启动会、定稿会、复盘会，以召开专项会议的形式，组织工作组全体成员学习 ESG 知识、明晰资料要求、确认报告内容等。

2. 日常沟通

工作组应充分利用线上沟通工具，如微信、钉钉或其他内部通信软件等，组建线上工作群，进行材料共享、进度共知、事项协调、意见反馈等工作，提升工作组成员之间的沟通效率。

3. 激励机制

ESG 报告编制工作事项琐碎、内容繁杂，可设定激励机制调动参与人员积极性。例如，对于态度积极、工作认真、贡献较大的工作组成员及其所在部门、单位，报告采纳素材可在满足指标要求的基础上向其倾斜；报告发布后，可组织专门评选活动，对优秀参与人进行嘉奖。

二、策 划

（一）明确功能定位

系统策划 ESG 报告是报告编制组的首要任务，公司高管和责任部门要思考报告编制期望达成的主要目标，明确报告功能定位，并策划报告流程、内容重点、风格和资源匹配等问题。具体来说，ESG 报告的功能定位主要包括以下五类：

1. 合规导向

通过编制发布 ESG 报告满足监管机构对 ESG 信息披露的相关要求。遵从证监会、银保监会等监管部门关于公司 ESG 信息披露的准则、指引、制度；满足上交所、深交所和港交所等对 ESG 信息披露的要求。此类报告的编制，重在信息披露的完整度与合规性，难在指标的收集、统计和计算。

2. 风控导向

通过编制发布 ESG 报告实现公司对 ESG 风险的有效管控。将公司编制ESG 报告的过程作为识别、判断经营潜在社会环境风险的过程，及时发现、提前预判、有效应对 ESG 的各项风险，增强发展韧性。

3. 投资者导向

通过编制发布 ESG 报告加强投资者沟通。ESG 报告为投资者提供了判断公司价值的重要参考，通过编制 ESG 报告满足投资者对 ESG 信息的需求，展示公司负责任的经营理念、良好的 ESG 绩效，增强投资者对公司的信心，获取投资者青睐。

4. 管理导向

通过编制发布 ESG 报告倒逼公司建立健全 ESG 治理体系。以报告编制为切入点，普及 ESG 理念、工具和方法，及时发现公司在社会环境风险管理、社会价值创造方面的不足之处，针对短板建立健全公司 ESG 治理机制、ESG 工作体系，改进 ESG 绩效。

5. 品牌导向

通过编制发布 ESG 报告加强与内外部利益相关方沟通、提升公司品牌形象。ESG 报告是重要的沟通载体，公司对 ESG 报告进行多维度、多视角传播，让利益相关方看得到、愿意看、记得住，塑造公司良好品牌形象。

需要注意，ESG 报告的定位往往不是单一的，公司要综合自身 ESG 工作进展及发展诉求，对报告赋予多重功能。例如，中国铜业有限公司将 2021 年度社会责任报告定位为合规披露履责信息、完善社会责任管理、强化利益相关方沟通、宣贯企业文化、展示责任品牌形象的重要工具。

（二）内容与形态策划

ESG 报告的短期策划是指对当年度 ESG 报告的主题、框架、形态、时间等要素进行系统策划（见表 6-1）。

表 6-1　报告短期策划要素详解

要素	类型	思路
主题	文化元素导入	借鉴或应用公司已有的愿景、使命、价值观
	责任元素导入	借鉴或应用公司已有的社会责任理念或口号
	价值元素导入	紧贴经济、社会和行业发展需求，凸显公司的 ESG 价值主张

续表

要素	类型	思路
框架	标准型	按照《指南 5.0》、《可持续发展报告标准（GRI Standards）》香港联合交易所《环境、社会及管治报告指引》等信息披露标准框架，完整借鉴或适度优化
	利益相关方型	按照对股东、客户、员工、社会、环境、行业的责任展开
	议题型	依据行业、定位、属性、发展阶段等要素梳理公司的 ESG 重大议题，直接组成框架主体
	主题延展型	对报告主题进行解读和延展，形成报告框架
形态	主体形态	包括全版、简版；纸质版、PDF 版、网页版
	延伸形态	包括 H5 版、长图版、视频版等
时间	正常进度	报告编制周期在 3~4 个月较为适宜，可按月制定推进计划。如按照框架搭建、收集材料、初稿撰写、文字修改、设计排版、修改定稿等关键环节各半月时间推进
	压缩时间	部分公司报告编制周期较短，但最短不应少于 2 个月，此时需按周制定推进计划。通过同步推进框架搭建和材料收集、各部门同步确认内容等方式来缩短编制时间

三、识别

界定报告边界是编制流程前的关键，包括界定报告披露主体范围、界定内容边界。

（一）界定主体边界

与公司年度报告、财务报告相比，ESG 报告披露主体的界定相对自由。可持续会计准则委员会（SASB）认为遵循 SASB 披露标准的 ESG 报告，主体边界应包括为财务报告目的而合并的所有母公司和子公司。理想状况下，公司 ESG 报告的实体范围应与年度报告、财务报告保持一致。但对于 ESG 工作处于发展初期的公司，若 ESG 关键量化绩效的全范围统计存在一定困难，公司可以酌情调整报告主体边界，在报告中对报告主体边界选取原则作出说明，解释披露范围。

（二）界定内容边界

ESG 覆盖议题众多，公司需遵循全面、科学、与时俱进的原则（见表6-2），综合分析宏观形势、标准指引、利益相关方关注点、公司发展战略等（见表6-3），识别出自身的实质性 ESG 议题。从"对公司可持续发展的重要性"和"对利益相关方的重要性"两个维度，对议题进行排序，识别出 ESG 重大议题，明确内容边界并进行详细披露。

表 6-2　ESG 议题清单的组成要求

原则	释义
全面	覆盖公司内外部利益相关方诉求，ESG 政策、标准、倡议所要求的责任要素
科学	以公司所在行业、属性、发展阶段为基本立足点，纳入与公司自身 ESG 活动相关的议题
与时俱进	紧跟国内外 ESG 发展趋势以及经济社会发展的最新战略方向和现实需求

表 6-3　ESG 议题识别的环境扫描

信息类别	信息来源
宏观形势	• 重大国际共识，如联合国可持续发展目标（SDGs）、《巴黎协定》等； • 国家发展规划，如《中华人民共和国国民经济和社会发展第十四个五年规划和 2035 年远景目标纲要》； • 国家重大战略，如科技创新、碳达峰碳中和、乡村振兴、共同富裕等； • 相关部委推动的全局性重点工作，如工信部主导的数字经济、智能制造、反垄断，国资委主导的国企改革、援藏援疆等； • 媒体关注和报道的国家改革发展过程中存在的突出矛盾和迫切需求，如资源环境约束、商业腐败问题等

信息类别	信息来源
标准指引	• 国际 ESG 相关标准，如全球报告倡议组织（GRI）标准、可持续会计准则委员会（SASB）可持续会计准则、国际综合报告委员会（IIRC）综合报告框架、气候相关财务信息披露工作组（TCFD）指引等； • 国内 ESG 相关披露标准，如国家标准委 GB/T 36000—2015《社会责任指南》、香港联合交易所《环境、社会及管治报告指引》、中国社科院《中国企业社会责任报告指南》等； • 国家部委 ESG 相关指引，如国务院国资委《关于国有企业更好履行社会责任的指导意见》、生态环境部《企业环境信息依法披露管理办法》《企业环境信息依法披露格式准则》等； • 监管机构 ESG 政策要求，如上海证券交易所《上海证券交易所上市公司自律监管指引第 1 号——规范运作（第八章社会责任）》（2022）、深圳证券交易所《深圳证券交易所上市公司信息披露工作考核办法（2020 年修订）》等； • 行业协会 ESG 标准指引，如中国化工情报信息协会《中国石油和化工行业上市公司 ESG 评价指南》
利益相关方关注点	• 各职能部门日常工作中与利益相关方沟通交流获得的信息； • 利益相关方交流活动（如投资者关系日等）； • 利益相关方专项调查，如开展 ESG 议题调研，ESG 报告中开设意见反馈专栏； • 与 ESG 第三方机构沟通交流，如与研究机构、行业协会等沟通
公司发展战略	• 公司使命、愿景、价值观； • 公司中长期发展战略； • 公司 ESG 专项战略； • 公司经营管理制度； • 公司通讯、报纸、刊物

可依据实质性议题筛选模型（见图 6-3）识别 ESG 重大议题。判断 ESG 议题对利益相关方是否重要，可通过访谈、问卷调查、实地走访等方式，收集股东、客户、合作伙伴、政府、员工、社区代表等多元利益相关方的反馈。判断议题对公司可持续发展的重要性，可结合行业可持续发展趋势分析、行业对标分析、ESG 标准研究等。在初步确定实质性议题后，还可向第三方外部专家征求意见。实质性议题是 ESG 信息披露以及 ESG 实践的"指挥棒"，企业要在 ESG 报告中详细披露重要 ESG 议题的界定、管理、实践与绩效。

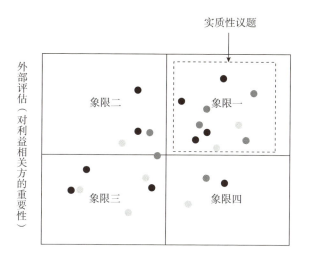

内部评估（对公司可持续发展的重要性）

象限一：被识别为重要的实质性议题
象限二：被识别为相关的议题
象限三：被识别为不相关的议题
象限四：被识别为相关的议题

图6-3　实质性议题筛选模型

四、研究

（一）研究内容

ESG 报告作为与外部沟通的重要媒介，需遵循相关标准，体现规范性、专业性、价值性。因此，工作组需在启动编写前进行充分的前期研究，具体研究内容包括：

1. 指标体系

ESG 报告必须符合相关标准要求。公司可依据权威性、针对性、实操性，选定报告编制的主要参考标准。同时，对国内外 ESG 评级机构的评价体系进行研究，构建报告内容指标体系，围绕指标准备素材。最好将指标固化、内化，形成公司 ESG 报告指标库，并定期更新。具体来看，ESG 报告的指标体系构建应遵循以下原则：

> ➢ 综合参考国内外 ESG 相关标准的指标内容；
>
> ➢ 适度参考标普道琼斯（DJSI）、明晟（MSCI）、富时罗素（FTSE Russell）、中证指数、大公责任云等国内外 ESG 评级机构的指标内容；
>
> ➢ 与公司已有的经营管理指标相结合；
>
> ➢ 围绕主要业务板块策划公司特色指标；
>
> ➢ 区分定性指标和定量指标、短期指标和长期指标；
>
> ➢ 数量适中，每个指标都能有对应责任部门落地实施；
>
> ➢ 各项指标应划定归口管理、报送及收集的部门/人员；
>
> ➢ 配套建立指标体系相关的工作程序文件和管理制度；
>
> ➢ 可借助信息系统，提高数据流转效率。

2. 工作亮点

ESG 报告是公司环境、社会和治理价值的集中承载，需要吸纳公司在报告期内 ESG 管理和实践的创新做法、突出成绩。工作亮点梳理应秉承以下原则：

> ➢ 属于公司实质性议题的范畴；
>
> ➢ 具有较为显著社会、环境价值；
>
> ➢ 有创新或突破，具有行业引领性；
>
> ➢ 形成了独特的体系或模式；
>
> ➢ 已经取得较大进展，成效可衡量。

3. 报告技巧

适当的编制技巧能够让报告更出彩。研究阶段可以思考以下报告编制技巧：

> ➢ 体现报告的前瞻性与引领性；
>
> ➢ 体现报告的理论性与系统性；
>
> ➢ 体现行业属性和公司特色；
>
> ➢ 兼具国际视野和本土特色；
>
> ➢ 行文既简明扼要，又生动有感染力；
>
> ➢ 相比往年报告、同行报告具有创新之处。

（二）研究方法

编制 ESG 报告时，公司可采用资料分析、调研访谈、同行对标的方法。

1. 资料分析

需要研究的文献主要包括 ESG 国际国内主流标准、政府部门和资本市场的 ESG 信息披露要求、行业协会的 ESG 倡议标准、其他研究机构的相关标准、公司内部资料等。

内部资料可包括：

> ➢ 董事长、总经理等高层领导年度重大会议讲话；
>
> ➢ 各部门、分子公司年度工作总结；
>
> ➢ 公司专题简报（如安全生产、节能减排、乡村振兴等）；
>
> ➢ 官微推文、报纸、刊物、公司志及其他内部出版物、宣传片等影像资料。

2. 调研访谈

为全面掌握公司 ESG 工作进展、挖掘工作亮点，可对公司管理层、职能部室、分/子公司 ESG 工作联络人和外部重要利益相关方进行调研访谈（见表6-4）。

表6-4 调研访谈提纲

对象	纲要
公司管理层	• ESG 面临的机遇和挑战 • ESG 理念、愿景 • ESG 战略和目标 • ESG 重点工作 • ESG 报告的定位和要求

续表

对象	纲要
职能部门 & 分子公司	• 年度主要工作进展 • 相关议题实践情况 • ESG 典型案例 • 对 ESG 工作的意见建议 • 对 ESG 报告的意见建议
利益相关方	• 与之相关的公司 ESG 实践具体情况反馈 • 对 ESG 工作的评价、期待 • 对 ESG 报告的意见建议

3. 对标研究

对标研究能够为报告主题提炼、框架构思、表达方式等提供有价值的参考。除此之外，优秀报告中传递的信息也可以成为公司提升 ESG 管理水平、改善 ESG 实践的参照。对标对象的选取原则是：

> ➢ ESG 工作领先公司，如获得国内外 ESG 评级机构高等级评定的公司、入选"道琼斯可持续发展指数""恒生可持续发展指数""央企 ESG·先锋 50 指数"等的公司；
>
> ➢ ESG 报告领先公司，如社科院五星佳、五星级报告、全球企业责任报告奖（CRRA）获奖报告公司等；
>
> ➢ 行业中影响力大的公司，国外同行公司与国内同行公司均可作为对标对象。

五、启动

（一）召开启动会

启动会主要完成能力培训、任务部署两项工作，需公司高层领导及工作组全员参与。

1. 能力培训

对于初次编制报告或报告编制工作组人员变动较大、缺乏经验的公司，需要培训 ESG 基础概念、ESG 报告意义价值、ESG 报告标准、高质量 ESG 报告编制技巧、资料清单搜集要求等。对于连续多年编制报告且编制工作组人员较为稳定的公司，可重点培训 ESG 的最新发展趋势及标准要求、热点社会环境议题发展现状等内容，深化相关人员对 ESG 的认识。

2. 任务部署

ESG 报告编制启动会上，高层领导和报告编制的牵头部门要做详细的任务部署。主要包括：

• 高层领导就公司践行 ESG 理念、编制 ESG 报告的重要性阐明立场，并明确工作目标，统一思想；

• 牵头部门解读 ESG 报告编制思路和框架；

• 牵头部门明确 ESG 报告编制所需各类素材、填报要求以及具体分工；

• 牵头部门明确 ESG 报告编制的时间进度及关键节点。

（二）签发启动通知

随着连续多年 ESG 报告编制工作的推进，公司会形成稳定的团队、规范的流程和高效的信息报送方式，召开启动会部署工作可能不再是必选动作。这时可以通过在公司内部系统签发启动通知的方式来启动年度 ESG 报告编制工作，通知要素包括总体要求、组织及前期准备工作要求、编写内容要求、发布与传播要求等。

六、编制

（一）确定撰写方式

根据公司 ESG 工作发展不同阶段和实际情况，公司可以采取两种报告撰写方式，即核心团队撰写（牵头部门+外部专家）和部门分工撰写（见表6-5），其中核心团队撰写又分为牵头部门为主+外部专家协助、外部专家为主+牵头部门协助两种方式。

表6-5 报告撰写方式

类别	释义	适合公司	关键要素	优点
核心团队撰写	牵头部门为主+外部专家协助：该模式下，ESG报告牵头部门负责制定编制方案、搜集素材、编撰文稿、审定报告等工作，发挥主要作用；外部专家在制作资料收集清单、识别实质性议题、优化报告框架、文字稿润色方面发挥专业力量	ESG报告编制经验丰富、人员充足的公司	契合公司理念素材提炼精准	全面系统深度参与
	外部专家为主+牵头部门协助：该模式下，外部专家团队作为ESG报告编制的主要力量，全面负责标准研究、工作策划、框架拟定、指标构建、文字写作、设计排版等工作；牵头部门负责审定编制方案、协助下发资料清单、审定框架及文稿等工作	ESG报告编制经验不足的公司	符合报告趋势深度挖掘素材精准语言表述	高质高效流程规范
部门分工撰写	ESG报告牵头部门明确编制要求、制定版位表、开展培训，将编写任务按职能条线划分至各职能部门、下属公司；职能部门、下属公司完成后，由牵头部门汇总统稿	ESG报告编制经验丰富、人员充足的公司	契合公司理念工作队伍稳定团队协同高效素材提炼精准	完善机制形成合力培育文化

（二）明确撰写流程

ESG报告从素材收集到文字定稿，包括以下流程：素材搜集、报告分工、初稿撰写、初稿研讨、素材补充、修改完善、报告统稿、部门会审、二次修改完善、领导审核、三次修改完善、文字定稿等。

（三） 搜集素材并撰写报告

公司在收集报告编写素材时可采用但不限于下发资料收集清单和开展研究（详见本章第四部分），针对不同部门和下属单位制作针对性清单，填报要求清楚、详实，要有明确的填报时间要求、明确答疑人员及其联系方式。资料清单的要点是：

> ➢ 定量数据：数据要规定年限及统计口径；
> ➢ 定性描述（制度、举措）：要规定详略程度与字数；
> ➢ 优秀案例、利益相关方评价：要规定案例体例、要素与字数等；
> ➢ 照片和影像：提供的相关配图要规定图片场景内容、像素、大小等。

（四） 排版设计

对 ESG 报告进行适当的排版设计，包括设计封面、目录、篇章页、可视化数据和图表等，提升报告悦读性，增强沟通与传播效果。还可将 ESG 报告延伸为多个版本，如简版、H5 版、长图版、视频版等，提升 ESG 报告信息的传递效果。在进行 ESG 报告排版设计时，应关注以下要点：

> ➢ 设计风格传递公司 ESG 理念；
> ➢ 一定周期内，保持 ESG 报告视觉风格和创意要素的一致性、渐进性，强化公司品牌形象；
> ➢ 嵌入二维码、利益相关方证言、名词解释、特色专栏等多元设计元素；
> ➢ 选取生动形象、画质高清的特色履责场景实景大图，增强报告感染力；
> ➢ 下属单位编制的 ESG 报告需与集团报告的总体调性、主题元素及设计理念保持一致，可结合自身业务特点加以局部个性化设计。

七、鉴证

报告鉴证是第三方（个人或组织）从外部视角对 ESG 报告质量的认证，能够帮助公司核查 ESG 报告的专业性与完整度。因此，报告编制完成后，公司可根据实际需求寻找第三方个人或机构申请 ESG 报告鉴证。包括向 ESG 报告的重要利益相关方（如政府机构、行业协会、高校的 ESG 专家等）申请个人署名点评意见、向专业验证机构申请对 ESG 报告质量评价，如向"中国企业社会责任报告评级专家委员会"申请 ESG 报告评级，将评价结果附于报告后，提升报告的公信力。

（一）申请报告评级

《中国企业社会责任报告评级标准》是目前国内唯一的社会责任/ESG 报告综合评价标准，由中国企业社会责任报告评级专家委员会（以下简称"评级专家委员会"）研发。评级专家委员会秉持"科学、公正、开放"的工作模式与流程，依据标准，对公司 ESG 报告进行综合评价，赋予评级结果。鼓励公司按照自愿原则向评级专家委员会申请 ESG 报告评级。

【评级主体】

中国企业社会责任报告评级专家委员会是 ESG 报告评级的领导机构与执行机构，是由中国企业社会责任/ESG 研究及实践领域的专家组成的开放性机构。委员会采取开放、灵活的工作模式，根据申请参评公司的行业属性等特征，选取三名委员组成评级专家委员小组。

【评级流程】

（1）公司根据自愿原则向中国企业社会责任报告评级专家委员会正式申请报告评级；

（2）抽取专家成立报告评级小组，报告评级小组由专家委员和评级事务联络人组成；

（3）评级事务联络人与企业联络，收集 ESG 报告内容、编制流程和价值管理的相关素材，组织进行初评，将评估素材及初评结果提交评级小组；

（4）评级小组各位专家根据《中国企业 ESG 报告评级标准》和《中国企业社会责任报告指南（CASS-ESG 5.0）》对公司 ESG 报告分别进行打分；

（5）评级小组组长综合专家意见后形成评级报告，委员会副主席审签。

中国企业 ESG 报告评级流程如图 6-4 所示。

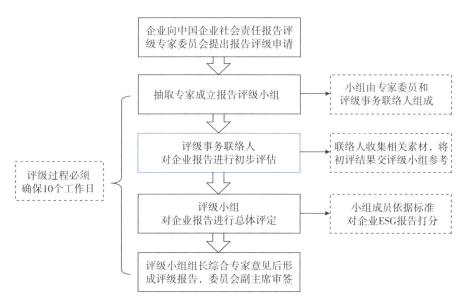

图 6-4　中国企业 ESG 报告评级流程

扫码联系评级事务联络人

联系邮箱：*rating@zerenyun.com*

（二）加强沟通

公司参与报告评级后，应加强与评级事务联络人的沟通。首先，申请评级后，需按评审需求准备设计定稿的 ESG 报告，并根据材料清单填写提交相关资料。其次，在获得评级结果后，应认真记录反馈建议，在下一年度 ESG 报告编制过程中改进提升。最后，公司可以借助"中国企业社会责任报告评级专家委员会"平台与活动，强化报告传播效果，提升报告影响力，促进内外部利益相关方对企业履责实践的认可。

八、发布

（一）选择发布时间

目前，上海证券交易所、深圳证券交易所和香港联合交易所对 ESG 报告发布有一定时间要求。上海证券交易所要求"上证公司治理板块"的上市公司、境内外同时上市的公司及金融类公司，应当在年度报告披露的同时披露社会责任报告，并鼓励其他有条件的上市公司在年度报告披露的同时披露社会责任报告等非财务报告。深圳证券交易所要求纳入"深证 100 指数"的上市公司，应当按照本所《主板规范运作指引》等的相关规定，参照《上市公司社会责任报告披露要求》，在年度报告披露的同时单独披露社会责任报告，并鼓励其他有条件的公司在年度报告披露的同时披露社会责任报告。香港联合交易所要求较高，要求在港上市公司在刊发年报时，同时刊发 ESG 报告。公司应严格遵循监管机构对 ESG 报告发布时间提出的明确要求，为确保 ESG 报告的时效性，原则上应在每年 6 月 30 日前发布上一年度 ESG 报告。除此之外，公司可根据自身需要，结合公司重大纪念活动、国家主题节日等关键节点，灵活发布 ESG 报告。

（二）确定发布方式

ESG 报告主要发布方式有三种，第一种是挂网发布；第二种是召开专项发布会或嵌入式发布会；第三种是寄送发布（见表6-6）。

表6-6　ESG 报告发布方式

类别	释义	优点	缺点
挂网发布	将报告上传监管部门平台、公司官网或官微推送，供利益相关方下载阅读，是报告最常见的发布形式	成本低难度小	传播效果差
召开发布会	可分为专项发布会和嵌入式发布会。专项发布会即专门为发布报告筹备会议，邀请嘉宾和媒体参与。嵌入式发布会即将报告发布作为其他活动的一个环节，如公司半年工作会、公司开放日活动、第三方社会责任论坛等	影响大传播效果好	成本较高工作量较大
寄送发布	对于重要的利益相关方（高度关注公司或公司高度关注的群体，如投资者等），将 ESG 报告印刷版直接递送或将 ESG 报告电子版或网站链接通过邮件推送	成本低影响精准	传播效果差

（三）策划发布会

召开 ESG 报告发布会，将公司 ESG 实践与成效展示给公众，起到持续传递 ESG 理念、强化 ESG 品牌传播、提升公司知名度与影响力的作用，ESG 报告发布会策划要素主要包括场地、时间、主题、内容以及宣传推广（见表6-7）。

表6-7　ESG 报告发布会策划要素

要素	关键点
场地	选择宽阔通透的发布场地，如公司大型会议室、会议中心，凸显公司对发布会的重视
时间	为了强化传播效果，可选择能够引起共鸣的话题性节日（如"七一""十一"等）以及公司相关纪念日、新产品发布日等
主题	发布会主题需契合企业理念、立意鲜明、通俗易懂

要素	关键点
内容	设置报告解读专属环节，讲述 ESG 工作亮点。可邀请政府、客户、供应商、投资者等内外部利益相关方作相关点评
宣传推广	根据企业性质及行业属性，邀请权威媒体参与发布会，并进行宣传报道

九、总结

（一）进行内部复盘

进行内部复盘是 ESG 报告编制流程管理的闭环步骤，是提升报告编制质量的有效方式。

1. 准备复盘材料

回顾报告编制的全过程，评估报告预设目标的达成情况，总结报告内容与形式上的亮点与不足。复盘材料应包括但不限于以下内容：

> 年度 ESG 整体工作回顾；
>
> 报告编制全流程工作回顾；
>
> 年度 ESG 报告的提升点（包括流程控制、沟通协调、内容形式、沟通传播等）；
>
> 年度 ESG 报告存在的不足（包括流程控制、沟通协调、内容形式、沟通传播等）；
>
> 下一年报告编制工作的初步设想；
>
> 下一年 ESG 整体工作的初步设想。

2. 召开复盘会议

复盘材料准备完毕后，需择机召开报告复盘会。在组织复盘会时应注意考虑以下因素：

> ➤ 会议时间：原则上报告发布后起 1 个月内；
>
> ➤ 参会人员：核心团队（牵头部门+外部专家）必须参加；高层领导原则上参加；工作组其他人员（职能部室、下属单位）建议参加；建议邀请投资者等重要外部利益相关方参加；
>
> ➤ 会议形式：工作负责人主题发言+参会人员充分讨论；
>
> ➤ 会议结果：形成会议总结和工作决议。

3. 反馈复盘结果

复盘会后，公司应将报告对内外部利益相关方期望的回应、报告编制工作的得失和未来 ESG 报告编制及 ESG 整体工作的行动计划，向内外部利益相关方和内部相关职能部室和下属单位进行反馈。反馈形式包括但不限于会议、邮件等。

（二）回应外部关切

在完成内部复盘后，公司还应留意外部机构（如投资机构、评级机构等）对其 ESG 报告的关切，答复相关问询。

1. 回应投资机构

ESG 报告是公司 ESG 工作的缩影，信息披露质量体现了公司 ESG 工作是否扎实。当投资机构就公司 ESG 报告相关问题问询时，公司应及时回复；若 ESG 报告中未披露相关信息，应及时做出解答，并记录相关问题，在下一年度 ESG 工作、ESG 报告编制中纳入考量。

2. 回应评级机构

部分 ESG 评级机构在正式发布 ESG 评级结果前，会主动向公司问询，此时，公司应客观真实、及时有效地反馈询问内容。针对披露不足的信息，争取在下一年度 ESG 报告详尽披露；针对因 ESG 工作不足而未披露的信息，应在下一年度 ESG 工作中改进，来获得 ESG 评级结果的不断提升。

第七章　ESG 报告价值管理

一、合规管理

（一）价值释义

ESG 监管是 ESG 发展的重要驱动力，企业编发 ESG 报告是满足监管要求，实现合规经营的必然选择。

在中国香港，已实行了最严格的强制 ESG 信息披露指引。2019 年，香港联合交易所公布第三版《环境、社会及管治报告指引》，要求所有在港上市公司的 ESG 报告必须严格按照指引要求，披露所有 ESG 指标项。

在中国内地，早在 2006 年、2008 年，深圳证券交易所、上海证券交易所就分别出台了 ESG 相关指引，鼓励上市公司披露社会环境信息。2020 年 9 月，深圳证券交易所发布《上市公司信息披露工作考核办法》，加入第十六条"履行社会责任的披露情况"，首次将上市公司 ESG 信息披露情况纳入考核。上海证券交易所发布《科创板上市公司自律监管规则适用指引第 2 号——自愿信息披露》，将 ESG 履行情况纳入上市公司信息披露范畴。2021 年 6 月，中国证监会发布《公开发行证券的公司信息披露内容与格式准则第 2 号——年度报告的内容与格式（2021 年修订）》，初步形成 ESG 信息披露框架。2021 年 12 月，生态环境部发布《企业环境信息依法披露管理办法》《企业环境信息依法披露格式准则》，对公司环境信息依法披露系统建设、信息共享和报送、监督检查和社会监督等进行了规定。2022 年 1 月，上海证券交易所面向科创 50 指数成份公司发布通知，要求其在披露 2021 年度年报的同时，披露社会责任报告。2022 年 4 月，中国证监会发布《上市公司投资者关系管理工作指引（2022）》，首次在投资者关系管理的沟通内容中纳入"公司的环境、社会和治理信息"。

同时，国务院国资委等政府部门出台了有关企业社会责任/ESG 的政策规定和相关指引，对公司履行社会责任提出明确要求。中国证监会、上海证券交易所、深圳证券交易所、中国上市公司协会、中国证券投资基金业协会等资本市场的监管方积极发布 ESG 相关指引文件，或在现有监管要求中加入 ESG 工作内容。

面对日益严格的 ESG 监管要求，上市公司必须主动编制和发布 ESG 报告，披露 ESG 进展，及时回应监管部门各项要求，确保公司 ESG 工作的合规性。

（二）实现路径

- 按照监管要求，以积极的态度推进 ESG 报告编制和发布工作；
- 参照相关部门出台的社会责任/ESG 政策、指引和规定，组织 ESG 报告内容；
- 按照证券交易所相关标准和指引，规范披露社会、环境关键信息；
- 就相关部门重点推进的 ESG 重大议题（如乡村振兴、"双碳"战略、"一带一路"等）进行重点阐述，或发布专项议题报告进行深入解读；
- 接受资本市场相关主体对 ESG 报告披露信息的质询。

二、绩效改善

（一）价值释义

ESG 报告具备以编促管的功能。通过编制 ESG 报告，公司能够检视其在 ESG 治理与实践中的优势和短板，建立健全 ESG 治理机制与管理体系，推动

ESG 实践工作有效开展，降低公司业务经营的非财务风险，从而提升公司的经营绩效与 ESG 绩效。同时，ESG 报告又是国内外 ESG 评级的主要信息来源，而 ESG 评级反映了公司治理的规范性、有效性，反映了公司社会环境风险管理水平及社会价值创造能力，是投资者衡量上市公司 ESG 绩效的重要依据，影响着公司的融资成本、品牌塑造等。因此，一份过程规范、内容翔实准确的 ESG 报告，有益于公司改善管理，赢得利益相关方支持，进而促进经营绩效的改善。

（二）实现路径

1. 回应投资机构

ESG 报告是公司与投资者的重要沟通载体，要结合投资者关注重点，进行详细回应。

可从以下方面开展：

- 披露公司如何认识所处行业或区域的经济社会风险与机遇；
- 阐释公司的发展战略，应对风险与机遇的对策；
- 邀请投资机构参与 ESG 重大议题讨论；
- 披露投资机构关注的 ESG 重大议题；
- 披露准确且可与同行业比较的关键绩效指标；
- 邀请投资机构参与 ESG 报告发布活动，获得反馈意见；
- 过程中发现的未能有效回应投资者的 ESG 工作短板列入改进计划并切实推动。

2. 回应评级机构

一份高质量的 ESG 报告，有益于评级机构全面了解公司的 ESG 治理与实践成效。因此，公司要在 ESG 报告中充分回应评级机构关注的重大议题和绩效指标，提升 ESG 评级等级。

报告对评级机构的重点回应可从以下方面开展：

- 加强与评级机构的沟通交流；
- 厘清评级机构的评级方法，完善 ESG 报告关键指标；

- 报告中坦诚披露 ESG 负面事件，并详述整改措施；
- 妥善答复评级机构对公司的质询；
- 通过官网、新闻媒体等公开 ESG 报告内容，便于评级机构获取信息；
- 将过程中发现的 ESG 工作短板列入改进计划并切实推动。

3. 鼓励员工参与报告编写

提升员工 ESG 意识，帮助员工掌握 ESG 实践工作方法与技巧，是公司通过开展 ESG 工作提升经营绩效的基础。ESG 报告编制是提升员工 ESG 意识与能力的重要契机。各业务部门、职能部门的员工通过参与报告素材提报、调研访谈、编写、发布等，能够认识到公司创造的环境效益、社会效益，增强对公司的认可度，培育负责任的文化氛围，增强公司凝聚力。

可从以下方面增强员工对 ESG 报告的参与度：

- 组织部分员工参与 ESG 报告编制工作；
- 梳理员工亮点履责故事，开展调研访谈，把相关内容纳入 ESG 报告；
- 组织员工开展 ESG 重大议题调查；
- 组织员工参与报告发布并就报告进行意见反馈。

4. 回应其他重要外部利益相关方

ESG 报告是公司与外部利益相关方沟通的重要载体，通过编制发布 ESG 报告，可了解利益相关方诉求，沟通公司回应诉求的举措和成效，赢得利益相关方的理解和支持。

可从以下方面开展：

- 识别重要利益相关方；
- 邀请重要利益相关方参与 ESG 重大议题讨论；
- 报告中详细披露利益相关方关注的 ESG 重大议题；
- 邀请重要利益相关方参与报告发布活动，获得反馈意见；
- 将过程中发现的未能有效回应利益相关方诉求的 ESG 工作短板列入改进计划并切实推动。

三、声誉提升

(一) 价值释义

声誉塑造的过程是公司社会认同度由低到高的过程，ESG 报告为公司提供了声誉塑造的新风口、新路径。ESG 报告记载着公司履行治理责任、环境责任、社会责任的绩效，是公司创造公共价值、社会价值的"成绩单"。通过编发高质量 ESG 报告，借助各种平台与渠道加强与外部利益相关方的沟通交流，传播公司 ESG 工作成效与亮点，为公司品牌力注入强 ESG 基因，通过 ESG 报告实现公司价值与社会价值、公共价值的链接，帮助公司在政府、新闻媒体、社会大众等面前树立良好的品牌印象，进而提升自身声誉。

(二) 实现路径

1. 参与报告评级

报告评级是对报告质量进行的综合评价，可以帮助公司提升 ESG 报告管理与编制水平，更好发挥报告的沟通传播、形象塑造等功能。

可从以下方面开展：
- 根据报告评级机构的评级标准编制 ESG 报告；
- 积极向报告评级机构申请报告评级并提供相关材料；
- 加强跟报告评级机构的沟通和交流；
- 根据评级报告进行总结与复盘，将短板与不足列入改进计划并切实推动。

2. 回应新闻媒体

新闻媒体是重要的传播力量。ESG 报告应该清晰地阐述公司发展战略与历史业绩，突出公司业务经营所创造的环境价值、社会价值，回应不同类型媒体关注的重点议题，借助媒体的推广优势进行广泛宣传。

可从以下方面开展：

- 邀请新闻媒体参与 ESG 重大议题讨论；

- 报告中详细披露新闻媒体关注的 ESG 重大议题；

- 邀请媒体参加 ESG 报告发布会，并获得反馈意见；

- 联合权威媒体或行业组织举办 ESG 交流活动；

- 积极参与新闻媒体组织的 ESG 相关会议和论坛。

3. 回应社会公众

ESG 报告需对当下公众关注的重大社会环境议题进行详细披露，如环保和气候问题、性别平等、多元化和包容性、社区建设等，公司要紧跟公众关注焦点，在报告里进行及时回应。

可从以下方面开展：

- 邀请社会公众参与 ESG 重大议题讨论；

- 及时公布公司 ESG 工作的战略、目标与计划；

- 重点展示公司年度 ESG 工作的最新进展与突出成效；

- 挖掘公司为某个或某类公众创造的特殊价值，以故事形式纳入 ESG 报告；

- 邀请社会公众参加 ESG 报告发布会，并获得反馈意见。

第八章　ESG 报告质量评价

　　《指南 1.0》和《指南 2.0》，更多关注社会责任报告的披露内容，其质量标准设定主要围绕报告内容展开，从实质性、完整性、平衡性、可比性、可读性与创新性六个方面考量。《指南 3.0》开启了报告全生命周期管理时代，注重对报告编制流程的管理，质量标准新增"过程性"维度，希望以报告编制为抓手推动完善企业社会责任管理。《指南 4.0》提出了报告价值管理的主张，从内容维度、流程维度、价值维度和创新维度方面构建起"四维"报告质量标准。本章从流程、内容两个维度，完整回答了什么是规范的 ESG 报告编制过程、什么是好的 ESG 报告等问题，进而形成 ESG 报告质量标准体系。

　　本章围绕 ESG 报告质量评价展开，从过程评价、内容评价两个维度详细阐述评价内容及指标，为公司自评报告质量提供参考，也为第三方机构评价公司 ESG 报告质量提供借鉴。

一、ESG 报告过程评价

　　报告过程评价主要考察公司是否按照 ESG 报告全生命周期管理中的组织、策划、识别、研究、启动、编制、鉴证、发布和总结九个过程要素编制报告，以全面评价公司对 ESG 报告过程的全方位管理状况，判断是否充分发挥报告在 ESG 绩效监控、ESG 管理水平提升、利益相关方沟通等方面的功能与价值。

（一）组织

1. 定义

组织是指为完成 ESG 报告的编制工作，互相协作结合而成的团体。

2. 解读

组织是 ESG 报告编写的保证，是 ESG 报告编制工作的起点，贯穿于报告编写的全部流程。强有力的组织，不仅可以保证报告编制工作的高效开展，也能够有效支撑和促进公司 ESG 管理工作的进行。

3. 评价指标

表 8-1　组织评价指标

	1	成立报告编制工作组
	2	高层领导参与、领导和统筹报告编制，董事会参与报告编制监管工作
组织	3	职能部门和所属单位参与、配合报告编制
	4	外部专家参与、指导报告编制
	5	建立完善的运作机制

（二）策划

1. 定义

策划就是为了最大程度地做好报告编制及其相关工作，遵循一定的方法或者规则，对未来即将发生的事情进行系统、周密、科学预测，并制订可行性方案。

2. 解读

策划是系统的设计，对 ESG 报告而言，首先要明确编制 ESG 报告的主要目标、次要目标和功能定位，进而对报告编制工作进行近期和远期、形式与内容、主题与框架、创新与传承、单项工作和建章立制等方面的系统计划。

3. 评价指标

表 8-2　策划评价指标

策划	1	清晰定位报告功能与价值
	2	制定报告管理制度与流程
	3	就报告内容、形式和体系等做中长期计划
	4	制定报告的主题和框架
	5	明确报告的创新点

（三）识别

1. 定义

识别是指按照一定的方法和流程确定报告主体边界和披露的关键议题。

2. 解读

ESG 报告披露主体的界定相对自由，公司根据披露需求，对报告主体边界选取原则作出合理说明即可。关键议题的识别与披露是影响 ESG 报告实用价值的重要环节，公司在 ESG 报告编制的过程中要采用科学合理的方式界定 ESG 重大议题，建立管理机制，并在报告中详细披露年度进展。

3. 评价指标

表 8-3　识别评价指标

识别	1	合理说明报告主体边界
	2	开展广泛的 ESG 环境扫描
	3	构建科学、全面、与时俱进的议题清单
	4	就责任议题与相关方进行日常或专项沟通
	5	科学识别实质性议题
	6	建立实质性议题应用和管理机制

（四）研究

1. 定义

研究是指主动寻求 ESG 报告的根本性特征与更高可靠性依据，从而为提高报告编制的可靠性和稳健性而做的工作。

2. 解读

报告启动前，需要开展系统研究，对国内外最新 ESG 标准和倡议、国内外优秀公司 ESG 报告、公司年度 ESG 素材进行研究，并开展调研征求公司领导、职能部室、下属单位对报告的意见，可以最大化开拓报告思路，夯实报告内容。

3. 评价指标

表 8-4　研究评价指标

研究	1	消化吸收存量材料
	2	对标国内外优秀企业或同行企业报告
	3	对董事会成员或高级管理人员进行访谈
	4	对职能部门、所属单位开展访谈

（五）启动

1. 定义

启动是指通过召开启动会等方式，宣告开启 ESG 报告编制工作。

2. 解读

召开启动会是为了达到统一思想、聚合资源、了解形势、分配任务、答疑解惑的目的。高质量的启动会能够保证报告编制各个环节的质量和效率。

3. 评价指标

表 8-5　启动评价指标

启动	1	召开报告编制启动会
	2	就 ESG 报告最新理论、实践等进行培训
	3	讲解本年度报告编制思路和推进计划
	4	建立信息化工作协同平台

（六）编制

1. 定义

编制是按照 ESG 报告的内容原则、质量原则，结合前期的组织、策划、识别、研究、启动工作的结果，开展 ESG 报告的内容撰写，并进行可视化展示。

2. 解读

撰写是一项系统工程，包括素材搜集、报告分工、初稿撰写、初稿研讨、素材补充、修改完善、报告统稿、部门会审、修改完善、领导审核、修改完善、文字定稿等，是 ESG 报告编制工作的主体。ESG 报告文字定稿后，需考虑对其进行适当的设计排版，以提升报告悦读性，增强沟通效果。

3. 评价指标

表 8-6 编制评价指标

编制	1	明确撰写分工
	2	确定撰写流程
	3	制作和下发资料收集清单
	4	撰写文字初稿，并向高层领导、职能部门、下属单位征求意见
	5	文字稿修改定稿，由工作组最高负责领导审核确认
	6	对 ESG 报告文字定稿进行设计排版

（七）鉴证

1. 定义

鉴证是指第三方（个人或组织）从外部视角对 ESG 报告质量的认证。

2. 解读

报告鉴证能够帮助公司核查 ESG 报告专业性与完整度，提升公司 ESG 报告的公信力。鼓励公司按照自愿原则寻找第三方个人或组织进行 ESG 报告鉴证。例如，向"中国企业社会责任报告评级专家委员会"申请 ESG 报告评级。

3. 评价指标

表 8-7　鉴证评价指标

鉴证	1	进行 ESG 报告评级/审验/鉴证
	2	若选择进行 ESG 报告鉴证，向第三方个人或组织提出申请
	3	获取鉴证结果，附在报告中

（八）发布

1. 定义

发布是通过报纸、书刊、网络（官方网站、媒体、社交平台等）等形式将报告公之于众，对外传播公司 ESG 理念、行动和成效。

2. 解读

报告发布是利益相关方获取报告信息的关键环节，发布方式和渠道较为多元，且发布的形式与效果将影响 ESG 报告价值发挥。

3. 评价指标

表 8-8　发布评价指标

发布	1	召开报告专项发布会
	2	召开嵌入式报告发布会
	3	在官方网站、官方微信发布报告
	4	多渠道应用报告

（九）总结

1. 定义

总结是指 ESG 报告完成编制后进行回顾检查、分析评价，总结亮点与经验，查找差距与不足，明确改进方向与建议的重要环节。

2. 解读

报告总结是 ESG 报告闭环管理的最后一环，对报告进行总结，不仅能够通过内部复盘、回应外部关切来系统回顾当年报告编制过程中的得失，也能够为未来报告编制统一认识、寻找改进点。

3. 评价指标

表 8-9　总结评价指标

总结	1	报告发布后，召开内部复盘会
	2	广泛征求利益相关方对报告的意见
	3	答复外部机构（如投资机构、评级机构等）的相关问询

二、ESG 报告内容评价

对于报告内容，可以从实质性、完整性、平衡性、可比性、可读性、创新性六个维度进行评价。

（一）实质性

1. 定义

实质性是指报告披露公司关键 ESG 议题以及公司运营对利益相关方的重大影响。利益相关方和公司管理者可根据实质性信息作出充分判断和决策。

2. 解读

ESG 议题的重要性受公司经营特征影响。具体来说，公司 ESG 报告披露内容的实质性由公司所属行业、企业性质、地理位置、商业模式、商业策略、商业环境和关键利益相关方等决定。公司需对关键性议题进行识别，并做重点披露。

3. 评价指标

表 8-10　实质性评价指标

实质性	1	公司采用科学的方式识别 ESG 重大议题
	2	完整披露了重大 ESG 议题的管理、行动、绩效
	3	披露的 ESG 议题与企业经营战略高度契合
	4	披露的 ESG 议题回应了重大社会环境问题
	5	披露的 ESG 议题回应了利益相关方的关注点

（二）完整性

1. 定义

完整性是指 ESG 报告所涉及的内容较全面地反映公司对环境和社会的重大影响，利益相关方可以根据 ESG 报告知晓公司在报告期间关于 ESG 工作的理念、制度、措施以及绩效。

2. 解读

完整性从两个方面对公司 ESG 报告的内容进行考察：一是责任领域的完整性，即是否涵盖了治理责任、环境责任和社会责任；二是披露方式的完整性，即是否包含了 ESG 治理与实践的管理理念、制度、措施及绩效。

3. 评价指标

表 8-11　完整性评价指标

完整性	1	披露内容完整覆盖治理责任、环境责任和社会责任
	2	满足中国社科院《中国企业社会责任报告指南（CASS - ESG 5.0）》的披露指标

（三）平衡性

1. 定义

平衡性是指 ESG 报告应中肯、客观、不偏不倚地披露公司在报告期内的履责不足之处，或客观分析公司经营过程面临的风险和挑战，以确保利益相关方可以对公司的整体业绩和可持续发展能力进行准确的评价。

2. 解读

平衡性意在避免公司报告中对公司治理缺失、环境负面影响、社会消极影响等进行故意性遗漏，影响利益相关方对公司 ESG 实践、绩效和未来预期的判断。

3. 评价指标

表 8-12   平衡性评价指标

平衡性	1	客观详实披露报告期内公司受到的行政处罚
	2	客观详实披露报告期内公司在廉洁、环保、安全方面的违规事故
	3	客观详实披露报告期内公司在治理责任、环境责任、社会责任方面的负面绩效

（四）可比性

1. 定义

可比性是指报告对信息的披露应有助于利益相关方对公司 ESG 绩效进行比较分析。

2. 解读

可比性体现在两个方面：纵向可比与横向可比，即公司在披露 ESG 工作关键绩效时，既要披露公司该绩效连续多年的历史表现，又要披露同行或同类公司的表现。

3. 评价指标

表 8-13   可比性评价指标

可比性	1	披露 ESG 关键绩效连续多年的历史数据
	2	披露能体现公司在同行或同类公司中影响力的关键指标

（五）可读性

1. 定义

可读性是指报告的信息披露方式易于读者获取、理解和接受。

2. 解读

ESG 报告的可读性是指公司从篇章结构、排版设计、语言、图表等各个方面对报告进行可视化呈现，确保报告通俗易懂，具备较强的阅读感。

3. 评价指标

表8-14　可读性评价指标

可读性	1	结构清晰，条理清楚，板块平衡
	2	语言流畅、简洁、准确、通俗易懂
	3	案例/故事脉络清晰，叙事完整
	4	解释专业术语、缩略词等
	5	设计排版美观，图片清晰
	6	使用流程图、数据表等元素直观表达
	7	引用相关方评价佐证内容，增强报告可信度
	8	报告获取方式多元，可及性强

（六）创新性

1. 定义

创新性是指ESG报告在内容或形式上有显著创新。

2. 解读

ESG报告的创新性主要体现在两个方面：报告内容的创新和报告形式的创新。

3. 评价方式

将报告内容、形式与国内外ESG报告以及公司往期报告进行对比，判断其有无创新，以及创新是否提高了报告质量。

表8-15　创新性评价指标

创新性	1	过程管理较往期报告有显著创新
	2	报告体系较往期报告有显著创新
	3	框架、体例、设计等较往期报告有显著创新
	4	过程管理较其他公司报告有显著创新
	5	报告体系较其他公司报告有显著创新
	6	框架、体例、设计等较其他公司报告有显著创新

第九章　中国建筑股份有限公司社会责任管理实践

一、公司简介

中国建筑股份有限公司（以下简称中国建筑）是我国专业化发展最久、市场化经营最早、一体化程度最高、全球规模最大的投资建设集团之一，在房屋建筑工程、基础设施建设与投资、房地产开发与投资、勘察设计等领域居行业领先地位。中国建筑位居《财富》世界 500 强 2022 年榜单第 9 位，在《财富》中国 500 强排名中连续 10 年位列前 3 名，在美国《工程新闻记录》（ENR）"全球最大 250 家工程承包商"榜单继续位居首位。中国建筑 17 次获得国务院国资委年度考核 A 级，继续保持行业内全球最高信用评级。

中国建筑是我国最具实力的投资商之一，主要投资方向为房地产开发、融投资建造、城镇综合建设等领域。公司强化内部资源整合与业务协同，打造"规划设计、投资开发、基础设施建设、房屋建筑工程""四位一体"的商业模式，为城市建设提供全领域、全过程、全要素的"一揽子"服务。中国建筑是世界最大的工程承包商，经营业绩遍布国内及海外 100 多个国家和地区，业务范围涉及城市建设的全部领域与项目建设的每个环节，具有综合设计能力、施工能力和土地开发能力，拥有从产品技术研发、勘察设计、地产开发、工程承包、设备制造、资产运营、物业管理等完整的建筑产品产业链条。

新时代新征程，中国建筑坚持以习近平新时代中国特色社会主义思想为指导，学习宣传贯彻党的二十大精神，聚焦"一创五强"战略目标，奋力推进企业高质量发展，加快建设世界一流企业，在全面推动中国式现代化中展现国资央企新担当、新作为。

二、责任管理

中国建筑依托十余年来"以品牌促责任，以责任美品牌"工作思路，从责任文化、责任治理、责任沟通及责任传播等方面深化品牌引领型社会责任管理模式，开展"建证幸福·全球行动"，并以"建证幸福"为责任品牌在全球进行统一传播，助推"一创五强"战略目标落实落地，助力中国建筑在全球范围内开展负责任地投资建设。

（一）提炼责任文化

国家和人民是中国建筑最重要的利益相关方，服务国家重大战略是必然担当，成为党和人民依靠力量是不懈追求。中国建筑传承"听党话、跟党走"的红色基因和政治本色，坚持"党和人民需要什么，我们就做什么"。坚定文化自信自强，以伟大建党精神为统领，聚焦"文化软实力强"战略目标，遵循公司"十四五"战略规划文化建设要求，借鉴世界一流企业文化理念升级经验，总结提炼出"中国建筑精神"即忠诚担当、使命必达。并以此为统筹，不断深化以"拓展幸福空间"为企业使命、"成为最具国际竞争力的投资建设集团"为企业愿景、"品质保障、价值创造"为核心价值观的责任文化体系。

中国建筑坚持国家站位、全球视野、企业定位，在央企系统内率先编发《文明互鉴建证幸福——中国建筑文化融合指导手册》，指导 12 家子企业完成 20 本国别执行手册，推动海外机构在全球语境下讲好中国建造故事，努力塑造可信可爱可敬的企业形象，以企业形象展现国家形象。

（二）深化责任治理

中国建筑以品牌管理体系为依托和载体，以《中国建筑社会责任工作管理规定》为重要纲领，以"横向业务线为基础、纵向向子企业延伸"为推进路径，保障社会责任工作在全系统内上下贯通、层层推进。将社会责任理念与要求融入公司各项考核制度和管理办法，加强评价考核的导向作用，逐步推进社会责任融入各项绩效评价。

中国建筑编制《社会责任工作指导手册》，开展与国际知名投资建设企业对标研究，将绿色低碳、乡村振兴、数字化转型等要求进行提炼，转化为指标，进一步深化《中国建筑社会责任指标管理手册》。参考香港上市公司ESG 指引与 MSCI（摩根士丹利）ESG 评级标准，编发《ESG 指标管理体系》。围绕"走出去"建筑企业社会责任管理提升要求，编发业内首个《海外社会责任指标管理体系》。开展 ESG 专项研讨，组织召开党组（党委）理论学习中心组 ESG 专题联学会。

（三）强化责任沟通

中国建筑将做好社会责任信息披露，作为"成为履行全球社会责任典范"的重要内容。围绕全球不同地区、不同文化背景的利益相关方信息需求，开展国内外权威社会责任标准研究、跨文化融合研究，以精准披露的内容、方式，持续深化"四位一体"的社会责任信息披露体系，即责任报告、责任影像志、责任代言人、责任开放日。

中国建筑构建包括集团、子企业、海外机构在内的社会责任报告矩阵，其中集团连续 13 年编发可持续发展报告，连续 10 年获评中国社科院社会责任报告最高评级。推出责任品牌大使——中建蓝宝，经多次迭代升级，已涵盖表情包、抱枕、玩偶、拼插玩具等诸多文创产品。以网红出海创新话语方式，建立"海星培养工作室"，打造"海外网红"，讲述海外履责故事。在五大洲近百座城市举办了 260 余场"建证幸福"开放日，线上线下吸引受众达 5.6 亿人次。

（四）注重责任传播

中国建筑致力成为具有高度责任感的全球幸福空间缔造者，以品牌传播为杠杆，构建"CSCEC 责任品牌传播模式"，依托中国建筑融媒体平台，通过系统内部上下协同、媒体智库内外联动，统筹网上网下，从品牌主题（C）、品牌故事（S）、全球赋能（C）、环境社会治理（E）、品牌价值观（C）等维度，系统开展有广度、有深度、有温度的传播，向全球利益相关方讲述中国建筑履责故事。

中国建筑根据形势任务开展"建证 40·中国建筑奇迹之旅""建证 70·迈向世界一流""建证幸福·共赴小康""建证·全球战疫"等系列活动，持续打造"建证"责任品牌。联合 CGTN 在 15 个"一带一路"沿线国家开展"建筑在说话"海外重点工程回访，通过当地人视角讲述"一带一路"重点工程为当地经济社会发展、百姓生活带来的积极变化，以良好企业形象展现国家形象。承办外交部活动，73 个驻华使馆和国际组织驻华代表到访中国建筑，同时邀请来自柬埔寨、印度尼西亚、泰国、阿尔及利亚等 23 个国家的 34 名外籍记者走进中国建筑采访，了解中国建造的责任故事。

三、报告管理

（一）定位

中国建筑围绕"政治高度、视角精度、理论新度、内容深度、展现温度、传播力度"等维度策划可持续发展报告。在内容上，从服务党和国家事业发展、引领全球建造发展、促进文化交流文明互鉴的高度，策划报告主题；围绕完整准确全面贯彻新发展理念，进行谋篇布局、策划报告大纲；基于国内外社会责任权威标准的要求，围绕全球利益相关方的信息需求，展示中国建筑在"创建世界一流企业""推动高质量发展"过程中的新进展、新绩效。在语言风格上，采用当前全球通用的责任报告话语体系，以客观、平实、准确的表述方式，讲述中国建筑的履责故事。在设计上，契合中国建筑的行业地位与业务属性，力求庄重大气、开放雅致、亲和明亮，同时引入中国传统文化元素，彰显文化自信自强；以生态图直观展现业务领域和可持续发展理念；以年度大数据、亮点荣誉展现全年履责绩效；以图文并茂的生动案例增加报告层次感、逻辑性和亲和力，提升阅读体验。

（二）组织

中国建筑成立了由公司高管具体指导、企业文化部主要负责、其他职能部门和单位共同参与的报告编制团队，开展利益相关方访谈与意见收集，调动公司各方力量协作编制报告。

（三）启动

中国建筑组织召开可持续发展报告编制启动会，邀请公司领导出席，相关部门负责人、集团社会责任联络员参加。会上，邀请社会责任专家与公司领导、部门负责人进行社会责任交流，助力提升公司领导的责任领导力、部门负责人的责任管理力；开展社会责任联络员专业培训，普及社会责任专业知识，介绍国内外社会责任标准，解读中国建筑社会责任指标管理体系的统计范围、填报方法，不断提升社会责任联络员的责任执行力。

（四）界定

中国建筑通过公司管理会议了解领导层、管理层对不同社会责任议题的关注程度；召开社会责任研讨会，征求利益相关方和社会责任专家对责任议题的意见和建议；通过公司社交媒体平台、问卷、网站、报纸、期刊、业务报告等媒介与利益相关方进行广泛沟通，收集利益相关方对议题的意见和建议。

为识别和提炼公司核心责任议题，中国建筑召开社会责任工作研讨会，通过中国建筑融媒体平台、外部媒体等媒介与利益相关方进行广泛沟通，收集利益相关方对议题的意见和建议。在与利益相关方沟通的基础上，深入分析研究国家宏观政策、国内外建筑市场发展形势、行业可持续发展态势等信息。依据国内外社会责任标准的相关要求，从"对经济、环境和社会的影响"和"对利益相关方评估和决策的影响"两个维度对议题进行排序，选择实质性议题在报告中进行披露。

（五）编制

报告编制包括资料收集分析、正文编制、意见征集、报告设计、报告翻译及报告审定等步骤。中国建筑制定时间进度表，严格把控每个步骤的进度和品质。其中，在资料收集分析方面，收集国内外最新社会责任标准与要求，了解全球建造的发展趋势与重点，对标全球投资建设企业社会责任报告披露情况，开展全系统社会责任绩效信息的收集、整理与分析。在正文撰写方面，落实"实质性、完整性、可比性、平衡性、可读性"等原则，明确语言表述方式，确定报告披露重点。在意见征集方面，征集并落实集团总部部门、相关子企业的意见，融入外部专家对报告的建议。在报告审定方面，报告经公司领导审核后，提报公司董事会审定。

（六）发布

中国建筑组织召开可持续发展报告集中发布会，通过中国建筑融媒体平台、国务院国资委、央视、新华网等媒体渠道，发布集团可持续发展报告、子企业社会责任/ESG报告，以及国别社会责任报告。同时编发新媒体精编版和系列深度解读文章，增进国内外利益相关方对中国建筑全球履责的了解。

在海外，选择重大节日、重要外事活动、重要责任论坛、国家领导人到访、项目施工重要节点等传播时机，通过当地自媒体平台、主流媒体，以及中国驻当地大使馆、中资企业商会、中国驻当地媒体等进行发布传播，提升报告在当地的影响力。

四、报告评级

《中国建筑 2021 可持续发展报告》评级报告

受中国建筑委托，中国企业社会责任报告评级专家委员会抽选专家组成评级小组，对《中国建筑 2021 可持续发展报告》（以下简称《报告》）进行评级。

一、评级依据

中国社会科学院《中国企业社会责任报告指南之工程与建筑业（CASS-CSR 4.0）》暨中国企业社会责任报告评级专家委员会《中国企业社会责任报告评级标准（2020）》。

二、评级过程

（1）评级小组审核确认《报告》编写组提交的《企业社会责任报告过程性资料确认书》及相关证明材料；

（2）评级小组对《报告》编写过程及内容进行评价，拟定评级报告；

（3）评级专家委员会副主席、评级小组组长、评级小组专家共同签审评级报告。

三、评级结论

过程性（★★★★★）

公司企业文化部（党建工作部）牵头成立报告编制工作组，统筹具体编制工作并把控关键节点，党组书记、董事长审阅报告内容，董事会负责报告审议批准；将报告定位为强化利益相关方沟通、推进品牌文化建设的重要工具，功能价值定位明确；根据国家宏观政策、国际国内社会责任标准、行业发展趋势、公司发展战略、利益相关方调查等识别实质性议题；发布国别专项报告，并推动下属企业中海集团、中海地产、中国建筑国际、中海物业独立编发社会责任/ESG 报告，构建了多层次的报告体系；计划通过官方网站发布报告，并将以电子版、印刷品、中英文版、H5 版的形式呈现报告，过程性表现卓越。

实质性（★★★★★）

《报告》系统披露了贯彻宏观政策、建筑质量管理、产品创新、按期交付工程、农民工权益保护、承包商管理、安全生产、建筑垃圾管理、绿色建筑等工程与建筑业关键性议题，叙述详细充分，具有卓越的实质性表现。

完整性（★★★★★）

《报告》主体内容从"协调·为股东创造价值""创新·让发展充满动力""品质·对客户完美履约""绿色·建清洁低碳世界""共享·育生机活力队伍""开放·聚伙伴合力同行""幸福·增普惠民生福祉"等角度系统披露了工程与建筑业核心指标的 90.51%，完整性表现卓越。

平衡性（★★★★★）

《报告》披露了"员工流失率""亿元产值死亡率"等负面数据，并详细描述未按期召开成本分析会、某项目发生机械伤害事故的处置情况，平衡性表现卓越。

可比性（★★★★★）

《报告》披露了"利税总额""建筑业务新签合同额""对外捐赠金额""志愿者活动次数""环保培训人次"等 42 个关键指标连续 3 年的对比数据，并通过"位列 2021 年度 ENR（《工程新闻记录》）'全球承包商 250 强'首位"等进行横向比较，具有卓越的可比性表现。

可读性（★★★★★）

《报告》以"建证百年"为主题，紧扣新发展理念谋篇布局，从七大篇章全面展现了关键履责议题上的年度进展与成效，框架结构清晰；封面设计以国风形式绘出"中国建造之城"，融入七十年经典项目，呼应报告主题，增强了报告的辨识度；章节跨页嵌入叙述性引言及重点绩效，提纲挈领，利于读者快速把握关键信息；多处引入利益相关方感言佐证履责成效，可读性表现卓越。

创新性（★★★★★）

《报告》设置"初心使命""央企担当""世界一流"三大责任专题，展现企业在坚持党的领导、投身国家建设与改革发展、海外履责等方面的行动成效，彰显了中央企业的责任担当；设置"建证百年同心筑梦"专栏，立体展示年度履责亮点，凸显了企业的责任引领与价值追求；修订《中国建筑社会责任指标管理手册》，编制《ESG指标管理手册》《海外社会责任指标管理手册》，进一步完善社会责任管理体系，创新性表现卓越。

综合评级（★★★★★+）

经评级小组评价，《中国建筑2021可持续发展报告》的过程性、实质性、完整性、平衡性、可比性、可读性及创新性均达到五星级，综合为"五星佳"级，是企业社会责任报告中的典范。

中国建筑可持续发展报告连续七年获得五星级、连续第三年获得五星佳级评价。

四、改进建议

增加行业核心指标的披露，提升报告的完整性。

评级专家委员会副主席

评级小组组长　　评级小组专家

附　录

一、指标体系表

（一）行业特征指标表（36 个）

维度	议题	指标编号	指　标	指标性质	指标分类①
环境风险管理（E）	环境管理（E1）	E1.6	绿色设计	定性指标	一般通用指标
		E1.7	绿色采购	定性指标	一般通用指标
		E1.8	绿色施工技术的研发与应用	定性指标	一般通用指标
	资源利用（E2）	E2.2	能源审计	定性指标	前瞻引领指标
		E2.12	节约土地资源	定性指标	一般通用指标
		E2.13	建筑材料高效使用政策	定性指标	一般通用指标
	守护生态安全（E4）	E4.4	避免或减少土壤污染的政策	定性指标	一般通用指标
		E4.5	土地复垦制度	定性指标	一般通用指标

---

① 一般通用指标指建筑业 ESG 议题的一般指标；前瞻引领指标指针对企业中发展情况较好，为实现可持续发展，提出较高目标和要求的前瞻引领性做法。

维度	议题	指标编号	指 标	指标性质	指标分类
社会风险管理（S）	雇用（S1）	S1.8	农民工、临时工和劳务派遣工权益保护	定性指标	一般通用指标
		S1.9	项目竣工后的员工安置	定性指标	前瞻引领指标
		S1.11	劳务派遣工社会保险覆盖率	定量指标	一般通用指标
		S1.12	危险作业意外伤害保险	定性指标	一般通用指标
		S1.15	改善施工现场生产生活环境	定性指标	一般通用指标
	职业健康和安全生产（S3）	S3.5	施工安全标准化建设	定性指标	一般通用指标
		S3.6	特种设备安全管理	定性指标	一般通用指标
		S3.8	双重预防机制	定性指标	一般通用指标
	客户责任（S4）	S4.1	企业资质等级	定性指标	一般通用指标
		S4.2	工程质量管理	定性指标	一般通用指标
		S4.3	合同履约率	定量指标	一般通用指标
		S4.4	新型或特殊材料、工艺评价	定性指标	前瞻引领指标
		S4.5	建筑工程抗震设防	定性指标	一般通用指标
		S4.6	提供普遍适用公共空间	定性指标	前瞻引领指标
		S4.7	按期交付工程的制度、措施	定性指标	一般通用指标
		S4.8	按期交付工程绩效	定量指标	一般通用指标
		S4.10	质量风险紧急预案	定性指标	一般通用指标
		S4.11	质量保修制度	定性指标	一般通用指标
		S4.16	工程质量的重大负面信息绩效	定量指标	一般通用指标
		S4.17	工程质量的重大负面信息处理情况	定性指标	一般通用指标
	社区影响（S6）	S6.1	新建项目社区影响评估	定性指标	一般通用指标
		S6.2	尊重、保护社区文化传统、遗产及宗教信仰	定性指标	一般通用指标
		S6.3	施工噪声防治	定性指标	一般通用指标

续表

维度	议题	指标编号	指　标	指标性质	指标分类
价值创造（V）	产业价值（V2）	V2.5	智能建造	定性指标	前瞻引领指标
		V2.10	培育新时代建筑产业工人	定性指标	前瞻引领指标
		V2.11	推动新型建筑工业化发展	定性指标	前瞻引领指标
	环境价值（V4）	V4.4	可持续建筑开发	定性指标	前瞻引领指标
		V4.5	通过绿色建筑认证的情况	定量指标	一般通用指标

（二）指标体系表（182个）

维度	议题	指标编号	指　标	指标性质	指标分类
报告前言（P）	报告规范（P1）	P1.1	质量保证	定性指标	一般通用指标
		P1.2	信息说明	定性指标	一般通用指标
		P1.3	报告体系	定性指标	一般通用指标
	高管致辞（P2）	P2.1	ESG工作的形势分析与战略考量	定性指标	一般通用指标
		P2.2	年度ESG进展	定性指标	一般通用指标
	责任聚焦（P3）	P3.1	年度ESG重大事件	定性指标	一般通用指标
	公司简介（P4）	P4.1	基本信息	定性指标	一般通用指标
		P4.2	战略与文化	定性指标	一般通用指标
		P4.3	业务概况	定性指标	一般通用指标
		P4.4	报告期内关于组织规模、结构、所有权或供应链的重大变化	定性指标	一般通用指标
治理责任（G）	公司治理（G1）	G1.1	董事会构成、职能及人员组成	定性指标	一般通用指标
		G1.2	董事会构成多元	定性指标	一般通用指标
		G1.3	董事会独立性	定性指标	一般通用指标

维度	议题	指标编号	指　标	指标性质	指标分类
治理责任（G）	公司治理（G1）	G1.4	薪酬制定程序	定性指标	一般通用指标
		G1.5	守法合规体系	定性指标	一般通用指标
		G1.6	守法合规培训绩效	定量指标	一般通用指标
		G1.7	反不正当竞争	定性指标	一般通用指标
		G1.8	申诉与举报机制	定性指标	一般通用指标
		G1.9	反商业贿赂及反腐败体系	定性指标	一般通用指标
		G1.10	反贪腐培训绩效	定量指标	一般通用指标
		G1.11	腐败事件及应对措施	定性指标	一般通用指标
		G1.12	信息透明	定性指标	一般通用指标
		G1.13	因违反信息披露规定而受到处罚的事件	定性指标	一般通用指标
	董事会ESG治理（G2）	G2.1	董事会ESG管理方针	定性指标	一般通用指标
		G2.2	董事会ESG工作领导机制	定性指标	一般通用指标
		G2.3	董事会对ESG风险与机遇的识别	定性指标	一般通用指标
		G2.4	董事会ESG目标审查	定性指标	一般通用指标
		G2.5	高管薪酬与ESG挂钩	定性指标	前瞻引领指标
	ESG管理（G3）	G3.1	ESG工作责任部门	定性指标	一般通用指标
		G3.2	ESG战略	定性指标	一般通用指标
		G3.3	ESG工作制度	定性指标	一般通用指标
		G3.4	参与ESG研究或行业ESG标准制定	定性指标	前瞻引领指标
		G3.5	ESG重大议题识别	定性指标	一般通用指标
		G3.6	利益相关方沟通活动	定性指标	一般通用指标
		G3.7	ESG信息披露渠道	定性指标	一般通用指标
		G3.8	ESG考核体系	定性指标	一般通用指标

维度	议题	指标编号	指　标	指标性质	指标分类
治理责任（G）	ESG 管理（G3）	G3.9	ESG 培训	定性指标	一般通用指标
		G3.10	ESG 培训绩效	定量指标	一般通用指标
		G3.11	ESG 荣誉	定性指标	一般通用指标
环境风险管理（E）	环境管理（E1）	E1.1	环境管理体系	定性指标	一般通用指标
		E1.2	环境管理目标	定性指标	一般通用指标
		E1.3	环保投入	定量指标	一般通用指标
		E1.4	环保预警及应急机制	定性指标	一般通用指标
		E1.5	新建项目环境影响评估政策	定性指标	一般通用指标
		E1.6	绿色设计	定性指标	一般通用指标
		E1.7	绿色采购	定性指标	一般通用指标
		E1.8	绿色施工技术的研发与应用	定性指标	一般通用指标
		E1.9	通过环境管理体系认证	定性指标	一般通用指标
		E1.10	环保培训和宣教	定性指标	一般通用指标
		E1.11	环保违法违规事件与处罚	定性指标	一般通用指标
	资源利用（E2）	E2.1	能源管理体系	定性指标	一般通用指标
		E2.2	能源审计	定性指标	前瞻引领指标
		E2.3	能源消耗量	定量指标	一般通用指标
		E2.4	能源消耗强度	定量指标	一般通用指标
		E2.5	清洁能源使用政策	定性指标	一般通用指标
		E2.6	清洁能源使用量	定量指标	一般通用指标
		E2.7	水资源使用政策	定性指标	一般通用指标
		E2.8	新鲜水用水量	定量指标	一般通用指标
		E2.9	耗水强度	定量指标	一般通用指标
		E2.10	节水量	定量指标	一般通用指标
		E2.11	循环用水量	定量指标	一般通用指标
		E2.12	节约土地资源	定性指标	一般通用指标

续表

维度	议题	指标编号	指　标	指标性质	指标分类
环境风险管理（E）	资源利用（E2）	E2.13	建筑材料高效使用政策	定性指标	一般通用指标
		E2.14	绿色办公措施	定性指标	一般通用指标
		E2.15	绿色办公绩效	定量指标	一般通用指标
	排放（E3）	E3.1	废水减排政策	定性指标	一般通用指标
		E3.2	废水排放量	定量指标	一般通用指标
		E3.3	废气减排政策	定性指标	一般通用指标
		E3.4	废气排放量	定量指标	一般通用指标
		E3.5	废弃物排放管理政策	定性指标	一般通用指标
		E3.6	一般废弃物排放量	定量指标	一般通用指标
		E3.7	一般废弃物排放强度	定量指标	一般通用指标
		E3.8	危险废弃物排放量	定量指标	一般通用指标
		E3.9	危险废弃物排放强度	定量指标	一般通用指标
		E3.10	废弃物回收利用绩效	定量指标	一般通用指标
	守护生态安全（E4）	E4.1	业务经营对生物多样性及生态的影响	定性指标	一般通用指标
		E4.2	生物多样性保护行动	定性指标	一般通用指标
		E4.3	生态修复治理	定性指标	一般通用指标
		E4.4	避免或减少土壤污染的政策	定性指标	一般通用指标
		E4.5	土地复垦制度	定性指标	一般通用指标
	应对气候变化（E5）	E5.1	应对气候相关风险和机遇的治理机制	定性指标	一般通用指标
		E5.2	气候相关风险和机遇对经营的影响	定性指标	一般通用指标
		E5.3	气候相关风险管理	定性指标	一般通用指标
		E5.4	气候相关风险和机遇方面的目标及表现	定性指标	一般通用指标
		E5.5	直接温室气体排放量	定量指标	一般通用指标
		E5.6	间接温室气体排放量	定量指标	一般通用指标
		E5.7	温室气体排放强度	定量指标	一般通用指标

维度	议题	指标编号	指　　标	指标性质	指标分类
社会风险管理（S）	雇佣（S1）	S1.1	遵守劳工准则	定性指标	一般通用指标
		S1.2	多元化和机会平等	定性指标	一般通用指标
		S1.3	员工构成	定量指标	一般通用指标
		S1.4	劳动合同签订率	定量指标	一般通用指标
		S1.5	员工流失率	定量指标	一般通用指标
		S1.6	民主管理	定性指标	一般通用指标
		S1.7	薪酬福利体系	定性指标	一般通用指标
		S1.8	农民工、临时工和劳务派遣工权益保护	定性指标	一般通用指标
		S1.9	项目竣工后的员工安置	定性指标	前瞻引领指标
		S1.10	社会保险覆盖率	定量指标	一般通用指标
		S1.11	劳务派遣工社会保险覆盖率	定量指标	一般通用指标
		S1.12	危险作业意外伤害保险	定性指标	一般通用指标
		S1.13	人均带薪年休假天数	定量指标	一般通用指标
		S1.14	员工关怀	定性指标	一般通用指标
		S1.15	改善施工现场生产生活环境	定性指标	一般通用指标
		S1.16	员工满意度	定量指标	一般通用指标
	发展与培训（S2）	S2.1	职业发展通道	定性指标	一般通用指标
		S2.2	职业培训体系	定性指标	一般通用指标
		S2.3	职业培训投入	定量指标	一般通用指标
		S2.4	职业培训绩效	定量指标	一般通用指标
	职业健康和安全生产（S3）	S3.1	职业健康管理	定性指标	一般通用指标
		S3.2	通过职业健康及安全管理体系认证	定性指标	一般通用指标
		S3.3	新增职业病数	定量指标	一般通用指标
		S3.4	安全生产管理体系	定性指标	一般通用指标
		S3.5	施工安全标准化建设	定性指标	一般通用指标

续表

维度	议题	指标编号	指　标	指标性质	指标分类
社会风险管理（S）	职业健康和安全生产（S3）	S3.6	特种设备安全管理	定性指标	一般通用指标
		S3.7	安全宣贯与培训	定性指标	一般通用指标
		S3.8	双重预防机制	定性指标	一般通用指标
		S3.9	应急管理体系	定性指标	一般通用指标
		S3.10	安全生产投入	定量指标	一般通用指标
		S3.11	安全生产培训绩效	定量指标	一般通用指标
		S3.12	安全生产事故数	定量指标	一般通用指标
		S3.13	工伤/亡人数	定量指标	一般通用指标
		S3.14	因工伤损失工作日数	定量指标	一般通用指标
	客户责任（S4）	S4.1	企业资质等级	定性指标	一般通用指标
		S4.2	工程质量管理	定性指标	一般通用指标
		S4.3	合同履约率	定量指标	一般通用指标
		S4.4	新型或特殊材料、工艺评价	定性指标	前瞻引领指标
		S4.5	建筑工程抗震设防	定性指标	一般通用指标
		S4.6	提供普遍适用公共空间	定性指标	前瞻引领指标
		S4.7	按期交付工程的制度、措施	定性指标	一般通用指标
		S4.8	按期交付工程绩效	定量指标	一般通用指标
		S4.9	负责任营销	定性指标	一般通用指标
		S4.10	质量风险紧急预案	定性指标	一般通用指标
		S4.11	质量保修制度	定性指标	一般通用指标
		S4.12	积极应对客户投诉	定性指标	一般通用指标
		S4.13	信息安全与隐私保护	定性指标	一般通用指标
		S4.14	客户满意度	定量指标	一般通用指标
		S4.15	投诉解决率	定量指标	一般通用指标
		S4.16	工程质量的重大负面信息绩效	定量指标	一般通用指标
		S4.17	工程质量的重大负面信息处理情况	定性指标	一般通用指标

维度	议题	指标编号	指　标	指标性质	指标分类
社会风险管理（S）	负责任供应链管理（S5）	S5.1	供应链 ESG 管理体系	定性指标	一般通用指标
		S5.2	供应商 ESG 审查评估	定性指标	一般通用指标
		S5.3	审查的供应商数量	定量指标	一般通用指标
		S5.4	因为不合规被中止合作的供应商数量	定量指标	前瞻引领指标
		S5.5	因为不合规被否决的潜在供应商数量	定量指标	前瞻引领指标
		S5.6	供应商 ESG 培训体系	定性指标	一般通用指标
		S5.7	供应商 ESG 培训绩效	定量指标	一般通用指标
	社区影响（S6）	S6.1	新建项目社区影响评估	定性指标	一般通用指标
		S6.2	尊重、保护社区文化传统、遗产及宗教信仰	定性指标	一般通用指标
		S6.3	施工噪声防治	定性指标	一般通用指标
价值创造（V）	国家价值（V1）	V1.1	服务国家重大战略的理念和政策	定性指标	一般通用指标
		V1.2	国家重大战略贡献领域	定性指标	一般通用指标
		V1.3	服务国家重大战略的行动举措	定性指标	一般通用指标
		V1.4	服务国家重大战略取得的成效	定性指标	一般通用指标
	产业价值（V2）	V2.1	技术创新制度机制	定性指标	一般通用指标
		V2.2	技术创新的行动措施	定性指标	一般通用指标
		V2.3	研发投入	定量指标	一般通用指标
		V2.4	重大技术创新成果	定性指标	一般通用指标
		V2.5	智能建造	定性指标	前瞻引领指标
		V2.6	带动上下游产业链协同发展	定性指标	前瞻引领指标
		V2.7	保障产业链供应链安全稳定	定性指标	前瞻引领指标
		V2.8	参与行业标准制定	定性指标	前瞻引领指标
		V2.9	战略合作机制和平台	定性指标	一般通用指标

维度	议题	指标编号	指　标	指标性质	指标分类
价值创造（V）	产业价值（V2）	V2.10	培育新时代建筑产业工人	定性指标	前瞻引领指标
		V2.11	推动新型建筑工业化发展	定性指标	前瞻引领指标
	民生价值（V3）	V3.1	带动就业的行动举措	定性指标	一般通用指标
		V3.2	新增就业人数	定量指标	一般通用指标
		V3.3	参与基础设施建设	定性指标	前瞻引领指标
		V3.4	公益行动领域	定性指标	一般通用指标
		V3.5	打造品牌公益项目	定性指标	前瞻引领指标
		V3.6	公益捐赠总额	定量指标	一般通用指标
		V3.7	志愿服务绩效	定量指标	一般通用指标
	环境价值（V4）	V4.1	碳达峰碳中和战略与目标	定性指标	前瞻引领指标
		V4.2	碳达峰碳中和行动计划与路径	定性指标	前瞻引领指标
		V4.3	减碳降碳成效	定量指标	一般通用指标
		V4.4	可持续建筑开发	定性指标	前瞻引领指标
		V4.5	通过绿色建筑认证的情况	定量指标	一般通用指标
		V4.6	守护绿色生态的行动举措	定性指标	一般通用指标
		V4.7	守护绿色生态的进展成效	定性指标	一般通用指标
报告后记（A）		A1	未来计划	定性指标	一般通用指标
		A2	关键绩效表	定性指标	一般通用指标
		A3	报告评价	定性指标	一般通用指标
		A4	参考索引	定性指标	一般通用指标
		A5	意见反馈	定性指标	一般通用指标

二、参编机构

责任云（北京）控股集团有限公司（简称"责任云"）是中国企业社会责任领域的专业机构。公司总部位于北京，在郑州、上海、深圳、广州、成都、昆明六地设有分公司，内设责任云研究院。

责任云研究院由中国社科院教授钟宏武博士担任研究院院长，专职研究员 10 人，客座研究员 5 人。责任云研究院的研究范畴包括政策研究、标准研究、行业研究、议题研究和评价研究。责任云研究院执行了国务院国资委、国家发改委、工信部、财政部、农业农村部、全国工商联等国家部委，广东等 13 个省市区国资委，以及中国电力联合会、中国煤炭工业协会等社会组织的社会责任/ESG 工作。编制了《中国企业社会责任报告指南》（1.0/2.0/3.0/4.0/5.0）。主编了《企业社会责任基础教材》《企业 ESG 基础教材》。责任云支撑了央企 ESG·先锋 100 指数（国务院国资委课题）、《企业社会责任蓝皮书》及中国 300 强企业社会责任发展指数（中国社科院课题）、中国民营企业 ESG 评价（全国工商联课题）。2023 年，中央广播电视总台联合国务院国资委、全国工商联、中国社科院国有经济研究智库、中国企业改革与发展研究会推出"中国 ESG（企业社会责任）发布"暨榜样盛典项目。责任云研究院作为项目唯一的学术支撑单位，负责系列主题报告及相关指数的编制工作。

1. 组织架构

院　　长：钟宏武

执行院长：张闽湘、叶柳红、张阳光、马　燕

　　　　　杨　静、王瑞庭、杜玉欣

2. 研究领域

- **标准研究**

制定本土应用范围最广泛的报告编写标准——《中国企业社会责任报告指南》，打造国内首个报告评级标准；作为央视"中国ESG（企业社会责任）发布"的唯一技术支撑单位，构建接轨国际、符合国情的ESG评级标准；参与由中国企业改革与发展研究会牵头的《企业ESG管理体系》团标。

- **政策研究**

承接国家发改委、国务院国资委、财政部、工业和信息化部、自然资源部、农业农村部、国家市场监督管理总局、全国工商联、原中国银保监会等部委课题30余项。

- **行业研究**

连续15年发布《中国企业社会责任研究报告》，以及石油化工、食品、汽车、保险、互联网等行业，上海、山西、粤港澳、西三角等区域，中央企业、上市公司等类群企业社会责任研究报告。

- **大数据研究**

研究发布"中国企业社会责任发展指数""央企责任管理·先锋30指数""地方国企社会责任发展指数""科技责任·先锋30指数""央企·ESG先锋100指数"，支撑央视"中国ESG上市公司先锋100""中国ESG上市公司科技创新先锋30""中国ESG上市公司金融业先锋30"等系列指数。

三、参考文献

（一）国际 ESG 指南

（1）全球报告倡议组织（Global Reporting Initiative，GRI）：《可持续发展报告标准（GRI Standards）》，2021 年，https：//www.globalreporting.org/standards/。

（2）国际标准化组织（ISO）：《社会责任指南：ISO 26000》，2010 年，https：//www.iso.org/iso-26000-social-responsibility.html。

（3）可持续会计准则委员会（Sustainability Accounting Standards Board，SASB）：《可持续会计准则（SASB Standards）》，2018 年，https：//www.sasb.org/standards/download/？lang=en-us。

（4）国际综合报告委员会（International Integrated Reporting Council IIRC）：《国际综合报告框架（International<IR>Framework）》，2021 年，https：//www.integratedreporting.org/resource/international-ir-framework/。

（5）全球环境信息研究中心（Carbon Disclosure Project，CDP）：《CDP 调查问卷》。

（6）气候相关财务信息披露工作组（Task Force on Climate-related Financial Disclosures，TCFD）：《气候变化相关财务信息披露指南（TCFD recommendations）》，2021 年。

（7）气候披露标准委员会（Climate Disclosure Standards Board，CDSB）：《CDSB 框架（CDSB Framework）》，2022 年，https：//www.cdsb.net/what-we-do/reporting-frameworks/environmental-informati。

（8）纳斯达克证券交易所（Nasdaq Stock Exchange）：《ESG 报告指南 2.0》，2019 年，https：//www.nasdaq.com/ESG-Guide。

（9）日本交易所集团（Japan Exchange Group，Inc.）、东京证券交易所

（Tokyo Stock Exchange，Inc.）:《关于 ESG 信息披露的实用手册》，2020 年，https：//www.jpx.co.jp/english/corporate/sustainability/esg – investment/hand-book/index.html。

（10）新加坡交易所（Singapore Exchange）:《通用核心 ESG 指标入门》，2021 年，https：//www.sgx.com/zh – hans/sustainable – finance/sustainability – knowledge-hub#SGX%20resources。

（11）泛欧交易所（Euronext）:《ESG 报告指南-1.5℃》，2022 年，ht-tps：//sseinitiative.org/wp – content/uploads/2022/05/Euronext – ESG – guide – 2022.pdf。

（二）国内 ESG 指南

（12）中国社会科学院经济学部企业社会责任研究中心:《中国企业社会责任报告指南（CASS-CSR4.0）》，经济管理出版社 2017 年版。

（13）中国社会科学院经济学部企业社会责任研究中心:《中国企业社会责任报告编写指南（CASS-CSR3.0）》，经济管理出版社 2014 年版。

（14）中国企业社会责任报告评级专家委员会:《中国企业社会责任报告评级标准（2020）》。

（15）中国社会责任百人论坛：《中国企业社会责任研究报告 2009/2010/2011/2012/2013/2014/2015/2016/2017/2018/2019/2020/2021》，社会科学文献出版社 2021 年版。

（16）国务院国有资产监督管理委员会、责任云研究院:《中央企业上市公司环境、社会及治理（ESG）蓝皮书（2021）》。

（17）中国生物多样性保护与绿色发展基金会:《ESG 评价标准》（T/CG-DF 00011—2021），2021 年。

（18）中国（天津）自由贸易试验区管理委员会、天津排放权交易所、华测检测认证集团股份有限公司：《企业 ESG 评价指南（试行版）》，2021 年。

（19）上海浦东新区思盟企业社会责任促进中心、商道纵横:《中国企业境外投资 ESG 信息披露指南（2021 试行版）》，2021 年。

（20）香港联合交易所：《环境、社会及管治报告指引》，2022 年，ht-tps：//sc. hkex. com. hk/TuniS/www. hkex. com. hk/Listing/Sustainability/ESG - Academy/Rules-and-Regulations？sc_lang＝zh-HK。

（21）香港联合交易所：《如何准备环境、社会及管治报告　附录二：环境关键绩效指标汇报指引》，2022 年，https：//sc. hkex. com. hk/TuniS/www. hkex. com. hk/Listing/Sustainability/ESG - Academy/Publications - and - Training？sc_lang＝zh-HK。

（22）中国企业改革与发展协会：《企业 ESG 披露指南》（T/CERDS 2—2022），2022 年。

（23）深圳市企业社会责任促进会：《企业 ESG 评价规范》（T/SZCSR 001—2022），2022 年。

（24）中国质量万里行促进会：《企业 ESG 信息披露通则》（T/CAQP 027—2022），2022 年。

（25）中国质量万里行促进会：《企业 ESG 评价通则》（T/CAQP 026—2022），2022 年。

（三）中国法律法规、政策及标准文件

（26）《中华人民共和国宪法（2018 年修正文本）》。

（27）《中华人民共和民法典》。

（28）《中华人民共和国公司法》。

（29）《中华人民共和国合伙企业法》。

（30）《中华人民共和国个人独资企业法》。

（31）《中华人民共和国中外合资经营企业法》。

（32）《中华人民共和国价格法》。

（33）《中华人民共和国反洗钱法》。

（34）《中华人民共和国税收征收管理法》。

（35）《中华人民共和国劳动法》。

（36）《中华人民共和国劳动合同法》。

（37）《中华人民共和国劳动争议调解仲裁法》。

（38）《中华人民共和国社会保险法》。

（39）《中华人民共和国妇女权益保障法》。

（40）《中华人民共和国职业病防治法》。

（41）《中华人民共和国工会法》。

（42）《中华人民共和国就业促进法》。

（43）《中华人民共和国促进科技成果转化法》。

（44）《中华人民共和国产品质量法》。

（45）《中华人民共和国专利法》。

（46）《中华人民共和国著作权法》。

（47）《中华人民共和国乡村振兴促进法》。

（48）《中华人民共和国环境保护法》。

（49）《中华人民共和国水污染防治法》。

（50）《中华人民共和国大气污染防治法》。

（51）《中华人民共和国固体废物污染环境防治法》。

（52）《中华人民共和国噪声污染防治法》。

（53）《中华人民共和国清洁生产促进法》。

（54）《中华人民共和国水法》。

（55）《中华人民共和国节约能源法》。

（56）《中华人民共和国野生动物保护法》。

（57）《中华人民共和国慈善法》。

（58）《中华人民共和国建筑法》。

（59）《中华人民共和国安全生产法》。

（60）《安全生产培训管理办法》。

（61）《安全生产违法行为行政处罚办法》。

（62）《生产安全事故报告和调查处理条例》。

（63）《职工带薪年休假条例》。

（64）《禁止使用童工规定》。

（65）《女职工劳动保护特别规定》。

（66）《工伤保险条例》。

（67）《用人单位劳动防护用品管理规范》。

（68）《安全生产许可证条例》。

（69）《集体合同规定》。

（70）《最低工资规定》。

（71）《中国共产党党内监督条例》。

（72）《中国共产党纪律处分条例》。

（73）《生态环境标准管理办法》。

（74）《环境行政处罚办法》。

（75）《危险化学品安全管理条例》。

（76）《危险废物贮存污染控制标准》。

（77）《排放源统计调查产排污核算方法和系数手册》。

（78）《国家危险废物名录（2021 年版）》。

（79）《企业环境信息依法披露管理办法》。

（80）《企业环境信息依法披露格式准则》。

（81）《建设工程质量管理条例》。

（82）《建设工程安全生产管理条例》。

（83）《建设项目环境保护管理条例》。

（84）《中共中央关于制定国民经济和社会发展第十四个五年规划和二〇三五年远景目标的建议》。

（85）《中华人民共和国国民经济和社会发展第十四个五年规划和 2035 年远景目标纲要》。

（86）《关于深化国有企业改革的指导意见》。

（87）《中共中央　国务院关于实施乡村振兴战略的意见》。

（88）《中共中央　国务院关于实现巩固拓展脱贫攻坚成果同乡村振兴有效衔接的意见》。

（89）《关于构建现代环境治理体系的指导意见》。

（90）《关于进一步提高上市公司质量的意见》。

（91）《国务院办公厅关于发挥品牌引领作用 推动供需结构升级的意见》。

（92）《中共中央 国务院关于完整准确全面贯彻新发展理念做好碳达峰碳中和工作的意见》。

（93）《2030 年前碳达峰行动方案》。

（94）《中共中央 国务院关于做好 2022 年全面推进乡村振兴重点工作的意见》。

（95）《"十四五"循环经济发展规划》。

（96）《"十四五"建筑业发展规划》。

（97）《"十四五"建筑节能与绿色建筑发展规划》。

（98）《推动共建丝绸之路经济带和 21 世纪海上丝绸之路的愿景与行动》。

（99）《国家发展改革委等部门关于推进共建"一带一路"绿色发展的意见》。

（100）《关于加快新型建筑工业化发展的若干意见》。

（101）《关于加快培育新时代建筑产业工人队伍的指导意见》。

（102）《关于中央企业履行社会责任的指导意见》。

（103）《关于新时代中央企业高标准履行社会责任的指导意见（征求意见稿）》。

（104）《中央企业负责人经营业绩考核办法》。

（105）《关于进一步深化法治央企建设的意见》。

（106）《关于加强中央企业质量品牌工作的指导意见》。

（107）《提高央企控股上市公司质量工作方案》。

（108）《上市公司治理准则》。

（109）《公开发行证券的公司信息披露内容与格式准则第 2 号——年度报告的内容与格式（2021 年修订）》。

（110）《公开发行证券的公司信息披露内容与格式准则第 3 号——半年度报告的内容与格式（2021 年修订）》。

（111）《上市公司投资者关系管理工作指引（2022）》。

（112）《上海证券交易所上市公司环境信息披露指引》。

（113）《上海证券交易所上市公司自律监管指引第 1 号——规范运作》。

（114）《科创板上市公司自律监管规则适用指引第 2 号——自愿信息披露》。

（115）《深圳证券交易所上市公司社会责任指引》。

（116）《深圳证券交易所上市公司信息披露工作考核办法（2020 年修订）》。

（117）《深圳证券交易所上市公司自律监管指南第 1 号——业务办理》。

（118）《水污染物名称代码》。

（119）《大气污染物名称代码》。

（120）《项目节水量计算导则》。

（121）《综合能耗计算通则》。

（122）《用水单位用水统计通则》。